고립청년 탈출기

추승현

목차

그림자와 마주하다

용접봉 CR-13	11
어두운 단칸방에서 울다	17
산 중턱에서의 고독	22
책이 건넨 위로의 연대기	27
세상과의 유일한 연결선	32
한국에서 살아남기 힘든 유형	37
글을 통해 꿈꾼 이상향	42
잃어버린 길에서 꿈 좇기	47
홀로 보내는 신호	52
마지막으로 온 편지	57

좁은 세상에 머물다

은둔 챌린지	65
기대하지 않는 오늘	71
라면으로 버티는 하루	76
혼자 간 데이트 명소	81
몸이 주는 신호	86
평가할 수 없는 시간	90
이해받지 못한 변명	96
어떤 이별의 처음	101
다른 사람을 이해하지 못하고	106
인터넷 오타쿠의 세상	110

일일 조회수 100의 세계	115
어느 개인적인 우정	121
실패한 인연의 나날	127
어떤 동경의 이별	132

늦게 피어나는 잎

사람을 만나는 건 꽤 도움이 된다	139
단 한 명의 사람	145
진정한 고립 탈출	151
글쓰기와 안정된 일상	155
회사에서 찾아온 고립	159

노력해도 쓸 수 없는 가면	164
의무에 대한 압박	170
추석에 보도된 쉬는 청년	175
서울은 쉬는 사람도 열심히 산다	180
조언하지 않는 어른 되기	185

그림자와 마주하다

용접봉 CR-13

 해가 내리쬐는 무더운 날씨 속에서 우두커니 서 있다가 아버지가 부르면 용접봉을 건넨다. 빨간 표지로 된 CR-13 용접봉은 누구나 쉽게 쓸 수 있고, 범용성이 좋아서 현장에서 '막봉'이라 불릴 정도로 사용도가 높은 용접봉이다.
 아버지는 용접공이다. 회사에 들어가 일을 한 적도 있다. 그것은 아버지의 얼마 되지 않은 국민연금 납부 기록에 나와 있다. 아버지는 회사에서 일하는 것을 싫어했다. 그 이유에 대해서는 구체적으로 알지 못한다. 같이 일해본 아버지는 주어진 일을 성실하게 하는 편이었다. 그렇지만 인간관계에는 다소 어려움을 겪었다.

 직접 보거나, 간접적으로 들은 것만 해도 의뢰자나 동료와의 갈등으로 일을 관둔 적이 한두 번이 아니었다. 건설 현장에 한창 일이 많았을 시기에 오랫동안 팀으로 일하던 사람들도 있었다. 그렇지만 일감이 줄어들고, 내부의 갈등으로 인해 팀으로 일하는 경우가 점점 줄어들었다. 그것은 건설 현장에서 흔한 일이었다. 그러나 사람과 어울리기를 좋아하는 아버지로서는 아쉬운 일이었다.

 그렇기에 아버지는 동네 사람들과 친하게 지내며 종종 일감을 따오고는 했다. 그렇지만 일을 같이 할 수 있는 마땅한 동료가 없었다. 그때 소설을 쓰겠답시고 이십 대 내내 일하지 않고 쉬는 아들은 가장 적합한 동료였다. 그렇게 강제로 끌려가다시피 건설 현장에 나갔다.

 아버지에 대해 이야기하는 것은 이 시대에 들어서 따분한 플롯이기도 하다. 모녀 관계를 다룬 책이 더 인기 있고, 그것이 시대정신에 부합하여 실천적으로 느껴지기도 한다. 그럼에도 나의 뿌리를 찾기 위해서는 아버지를 찾는 것이 적합하다. 학생 때 판타지 소설을 썼었다. 그런 소설을 쓸 때 주로 아버지가 죽거나, 부재한 주인공의 이야기를 다루고는 했다. 그러한 플롯은 당시 판타지 소설에서 유행하던 흔한 플롯이었다. 그렇지만 한동안 나에게 아버지가 없었던 것은 사실이다.

부모님은 결혼한 뒤 외가 쪽에서 주로 이주해 살았던 안양에서 셋방살이를 했다. 아버지는 건설 현장을 따라 전국을 돌아다녔다. 그런 타지살이에 지칠 무렵 아버지는 인상 좋은 어느 사장에게 일감을 줄 테니 양주에 정착하라는 제안을 받았다. 아버지는 그의 제안을 받아 그곳에 정착했다. 아버지는 그가 귀인이라고 생각했을 것이다. 그렇지만 그 귀인은 얼마 가지 않아 안타깝게 돌아가셨고, 그와의 약속은 공수표로 전락해 버렸다.

아버지는 그곳에 정착한 이상 무언가를 해야 한다고 생각했는지 공장에서 임대료를 축내며 지내고 있었다. 결과적으로 실패였지만, 사실 그것이 아니라면 어떤 삶을 살아야 할지도 알 수 없었을 것이다. 뒤늦게 가족이 합쳤지만 아버지가 낯설게 느껴졌다. 그렇기에 연재하던 소설에 나오는 주인공의 아버지가 부재한 것도 어찌 보면 당연했다.

시대는 변화하고 있었지만, 부모님은 자녀 교육에 있

어서 별다른 간섭을 하지 않았다. 아버지는 술주정을 자주 했고, 그만큼 어머니와 다퉜다. 돌이키면 그것은 보통의 불우한 가정에서 볼 수 있는 흔한 풍경이었다. 가족끼리 오붓하게 외식 한 번 제대로 한 적 없지만, 그것도 경험해보지 않았기에 결핍감은 없었다. 주변 아이들도 가난한 환경을 자연스럽게 받아들이고 있었기 때문에 이상한 일이라 여기지 않았다.

  유명 정신분석학자 프로이트는 아버지를 아들의 적으로 규정한다. 그러한 분석은 어린 시절 무의식 속에서 일어나는 과정을 비유한 것이기도 하다. 그렇지만 그게 너무한 처사라는 생각이 든다. 반면 당시 한국 사회에서는 아버지가 가장의 무게를 짊어진 역할로 묘사되고는 했다. 당시 상황에서 아버지가 최선의 삶을 살았다고 생각한다. 모든 사람의 인생에 그렇게 적용할 수 있는 것처럼 말이다.

  바닥에 널브러진 용접봉을 주워다 준 대가로 받은 15만 원은 꽤 달콤했다. 능숙한 사람이 아니더라도 할 수 있는 일에 굳이 인력사무소를 거칠 필요가 없었다. 인력사무소를 거치지 않으므로 십 퍼센트의 수수료를 뗄 필요도 없었다. 아버지는 종종 자신이 수수료를 가져가야 한다는 헛헛한 농담을 하고는 했다.

나는 건설 현장을 싫어했다. 차라리 직접 일을 한다면 달랐겠지만, 숙련을 요구하는 일이어서 배우지 않고서는 할 수 없었다. 그렇다고 아버지에게 일을 배우기에는 현장의 아버지는 거칠고 투박했다. 무엇보다 글을 써야 한다는 열망이 강했기 때문에 이 자리에 있어서는 안 된다는 생각이 강했다. 그래서 내가 현장에 가는 경우는 대부분 아버지의 설득 끝에 온 것이었고, 더욱이 내 지갑 사정이 얇을 때나 가능한 것이었다. 그렇지만 막상 현장에 왔을 때는 내 미숙함을 당연하듯 꾸짖었고, 가족에게 하는 이야기가 맞나 싶을 정도로 내 상황을 조롱하기도 했다. 그런 말에 마음이 할퀴고 할퀴어 가족끼리는 일을 하지 않겠다는 당연한 교훈을 얻었다.

현장에서 일을 해보면 그들을 존경할 수밖에 없다는 생각이 든다. 현장에 가지 않고 떠드는 사람들에 비해 그들은 새로운 건물을 창조시킨다. 그렇지만 그들의 거친 입이나 행동을 보면 그런 게 다 무슨 의미가 있나 싶다. 나 역시 그런 사람이 될까 싶어 현장으로부터 거리를 멀리하기도 했다. 지금도 지나가다 보면 건설 현장의 인부들을 본다. 사람들은 움찔하며 그들을 피해 간다. 나는 그 옆을 자연스럽게 지나간다. 아버지를 통해 본 용접봉의 세계는 존경할 만한 세계다.

 그러나 나는 흔한 용접봉으로 살고 싶지 않았다.

어두운 단칸방에서 울다

 생애 최초의 기억을 떠올리는 것은 어려운 일이다. 그것은 시기에 따라 망각되며, 자신의 기대와 의도에 따라 각색되기도 한다. 오래전 기억이 정확하지 않을 수도 있다. 그렇지만 심리학에 따르면 최초의 기억은 개인의 가장 깊은 내면을 반영하는 것일 수 있다.

 축축하고 어두운 단칸방에서 한 아이가 울고 있다. 창가에 다가가 커튼을 열면 빛이 드러날 수 있고, 텔레비전이라도 켜서 소리를 낼 수 있으나 아이는 우는 것만으로도 버거워 커튼을 열거나 텔레비전을 켤 생각을 하지 못한다. 아이가 우는 이유는 자신이 혼자 있다는 것 때문이다. 집에 혼자 있는 이유는 알 수 없다. 뭐가 그리 슬퍼 그토록 우는지도 알 수 없다. 그 단칸방 안에서의 모습이 내가 갖고 있는 최초의 기억이다.

  배경은 안양시 만안구에 있는 어느 전원 주택이다. 그 주택 중 방 하나에 세를 들어 살고 있었다. 넘치거나 모자르다고 할 수 없는 그저 방 한 칸이었다. 가난한 시절이라 놓은 가구와 가전제품도 많지 않았다. 나와 어머니, 형이 몸을 누이면 그럭저럭 잘 수 있는 환경이었다. 주인집과 집을 공유하지만 현관을 공유할 수는 없었다. 대신 부엌이 있는 뒷문으로 나가야 했다. 페인트칠이 되지 않은 콘크리트 부엌 벽은 검은 곰팡이와 물때가 껴있어 습하고 어두웠다. 여름이면 벽에 붙은 귀뚜라미가 울어댔다. 형제는 귀뚜라미가 무서워 항상 소리를 지르며 집을 오갔다.

  주인집 내외는 친절했다. 우리 형제를 보면 좋은 미소로 인사했고, 수줍음 많은 나는 작은 목소리로 답했다. 그 집안에는 딸이 있었다. 당시 우리 형제가 올려다보기 어려운 몇 살 터울의 누나였다. 그 누나는 우리가 같이 살고 있는 것을 탐탁지 않아 했다. 그 나이대에 성별이 다른 것을 감안한다면 이해할 법하다. 씻는 것은 뒷문 바깥의 펌

프를 이용한다 하더라도, 용무는 화장실을 공유해야 했다. 그렇기에 그 누나의 눈치를 보며 화장실을 빨리 이용하는 법을 익혔다. 그 안에 있는 화장실 구조는 생경하리만큼 기억에 남지 않는다.

  형제 관계는 항상 원수 사이였다. 떠들거나 다투기도 많이 했다. 어머니는 그것 때문에 여러 곤욕을 치렀을 테다. 나는 괴팍하게 대하는 형을 증오했고, 형은 결코 봐주려고 하지 않았다. 그래서 항상 지는 것은 나였다. 어머니가 일을 하러 나갈 때면 요리를 하는 것은 나의 몫이었다. 어둡고 칙칙한 부엌에서 가스불을 올리며 라면을 끓였다.

  지금 생각하면 어떻게 그 시절을 보냈을까 싶을 정도로 열악한 환경이었지만, 그곳에서 버틸 수 있었던 것은 다른 또래도 각자 비슷한 환경이었기 때문이었을 것이다. 그곳에는 작은 전원주택이 즐비어 있었고, 동네 사람은 대부분 어쩌다 정착한 사람들이었다. 그렇기에 동네 친구들끼리 어울려 놀 때 지위는 오로지 나이에 따라 갈렸다. 어디서 배웠는지 알 수 없는 한심한 놀이를 하거나 그런 놀이가 질리면 골목에서 축구공을 차며 놀았다. 동네 사람이라는 이유로 억지로 껴서 놀았지만, 도저히 흥미가 생기지 않았다.

집주인네가 눈치가 보이기는 하지만 집을 떠나고 싶은 마음은 없었다. 어린 시절 자아가 생겼을 무렵부터 내가 살고 있는 집이었다. 그곳이 유일한 안식처이자, 고향이었다. 그곳에서 나와야 했던 것은 순전히 타의에 의한 것이었다. 지역에 재개발이 이뤄지면서 어쩔 수 없이 떠나야 했다. 어차피 떠날 거라면 아버지가 있는 곳으로 합쳐야겠다는 것이 부모님의 결정이었다. 그렇게 정든 고향을 떠나야 했다.

그 작지만 소중한 공간을 떠나기 싫었다. 어두운 방에서 그토록 울었던 이유도 어쩌면 그곳을 떠나야 한다는 생각 때문인지도 모른다. 그때를 떠올리면 슬픈 기억만 있는 것은 아니다. 이사 가기 전 인근 놀이터에서 한 살 터울의 여자아이와 소꿉놀이를 했다. 그 아이가 심심해해서 그가 재밌어할 만한 새로운 놀이를 만들며 같이 놀았다. 그는 놀이에 흥미를 느껴 오랜 시간 같이 놀았다. 아이가 떠날 때가 되자 다음을 기약하며 인사했다. 그때 얼마 안 있으면 이곳을 떠나야 한다는 사실을 깨달았다.

그렇지만 그 사실을 제대로 말하지 못했다. 그 뒤 한창 소나기가 내렸을지도 모른다.

성인이 되고 나서 형은 어떻게 그 단칸방에서 살 수 있었느냐며 그곳에 살았던 과거의 자신을 연민한다. 나 역시 부러 부정할 수는 없으므로 동의의 의미로 고갯짓한다. 나에게 그 집은 살던 곳을 떠나야 한다는 슬픈 기억만이 남아 있다. 같은 일을 두고도 다르게 생각하는 것은 당연한 일일지도 모른다.

내 삶에서 집의 이미지는 언제나 좁고 작은 방이었다. 나중에 홀로된 시간을 보냈을 때도 그 생활이 지겹다고 느끼지 않은 것은 어린 시절 생활의 원형이었기 때문인지도 모른다. 어린 나이의 이른 이별은 그 시절과 공간을 그리워하게 했고, 철이 들지 못한 나는 그 시절을 그리워하며 방의 생활을 반복하게 된 것인지도 모른다.

산 중턱에서의 고독

 이사를 간 집은 양주 인근의 산 중턱에 있었다. 저렴한 월세를 찾다 보니 자연스레 흘러간 곳이었다. 이사한다고 해서 설레는 기분은 들지 않았다. 비포장 된 산길을 올라가다가 본 것은 파란 슬레이트 지붕으로 된 전원주택이었다. 화재가 한 번 있었고, 일부 공간은 집 주인이 빼지 않은 잡동사니가 어질러져 있었다. 그래서 이용할 수 있는 공간은 주방과 거실, 작은 방이었다. 부모님은 거실을 안방으로 만들었고, 나와 형은 작은 방에서 지냈다. 작은 방은 햇빛이 들지 않아 늘 어둡고 습했다.
 그곳의 유일한 이웃은 〈나는 자연인이다〉에 나올 법한 사람이었다. 다 쓰러져가는 천막 같은 집에서 살고 있었다. 딱히 위협적인 사람은 아니었지만, 별로 교류하지도 않았다. 그곳에 살면서 십 년이 넘는 기간 동안 교류한 기억이 없다. 그 외에도 집에 오가는 길 중간에는 무덤이 있었고, 뱀 허물을 종종 본 기억이 있다. 어렸기에 그에 대한 공포가 컸지만, 한편으로 어렸기에 딱히 문제가 아니었다.

산골 생활이라고 하면 〈리틀 포레스트〉나 〈전원 일기〉와 같은 자연 치유적이거나 정감 있는 마을 동네 분위기를 생각할 수 있을 것이다. 그렇지만 부모님은 맞벌이를 해야 했기 때문에 아이 둘이 집에서 먹는 것은 주로 라면이었고, 특식으로는 상표를 알 수 없는 냉동 돈까스가 전부였다. 그래도 아랫동네에 사는 친구들이 있어서 그 친구들을 불러 모아 숨바꼭질이나 비석치기와 같은 놀이를 하는 낭만은 있었다. 집 앞에 나 있는 큰 도로를 제외하면 사람이 다니는 다른 길이 있는 것도 아니고, 계곡이 있는 것도 아니었다. 무엇보다 뱀 허물을 기억했기에 산을 탐험한다는 시도는 감히 하지 못했다.

학교를 가기 위해서는 한 시간마다 오는 마을버스를 타고 다녀야 했다. 버스가 자주 있는 것이 아니다 보니 매일 통학하는 것이 일이었다. 학교가 끝나고 친구와 어울리기보다는 곧장 집으로 돌아오는 것을 택했다. 아랫동네에도 그렇게 친구가 많지 않았고, 나이가 들수록 아이들도 읍내에서 노는 것을 선호했기에 자연스레 우리 집에 찾아오는 경우도 줄어들었다. 그렇기에 형과 같이, 혹은 홀로 집에서 시간을 보내는 경우가 많았다.

전파가 잘 터지지 않는 텔레비전으로 겨우겨우 채널을 돌려봤다. 나중에 겨우 위성방송을 설치했지만 그토록 보고 싶었던 애니메이션이 나오는 채널은 어른들의 사정으로 중단이 되어 있었다. 의도치 않은 산골 생활이었지만 이 생활에 큰 불만이 있지는 않았다. 사람은 적응의 동물이라는 그 흔한 말이 어린 아이에게도 적용됐다. 친구들과 어울리기를 좋아했지만 점차 학년이 올라가면서 혼자 지내는 것에도 점점 익숙해졌다.

이곳에서 십 년의 시간을 보냈지만, 그때의 일들을 묘사하는 것이 나에게는 무척이나 어려운 일이다. 어쩌면 자연의 위대함에 관해서 덧붙여야 할지 모른다. 사시사철 계절에 따라 집 주위도 풍경이 변했다. 집 안에서 창문을 보면 나뭇잎이 피고 지는 풍경이 시시각각 변하는 것을 볼 수 있었다. 그 풍경을 즐길 법도 했지만 어린 나이에 상상력이 풍부했고, 내면에 관심이 많았던 그런 풍경에는 눈길을 주지 않았다.

계절에 따라 날씨와 풍경은 변했지만, 어린 아이가 그것을 느끼기에는 한없이 지루하게 느껴졌다. 주변에는 정말이지 아무런 시설이나 건물이 없었다. 그나마 버스 정류장까지 내려가면 슈퍼와 집주인이 하는 음식점이 하나 있었고, 나중에는 집주인이 운영하는 슈퍼가 하나 생겼을 뿐이다. 집주인이 운영하는 슈퍼가 생긴 이후에는 그 슈퍼를 주로 이용했다.

나중에 성인이 되어서 그 슈퍼를 방문한 적이 있다. 아버지에게 듣기로는 우리가 떠나고 얼마 되지 않아 집주인 할아버지가 돌아가셨다고 한다. 그곳에 들른 이유는 추억을 헤아리려고 한 것은 아니었다. 사실 그런 마음도 있었지만 그곳에 가서 무엇을 할 수 있을까. 그저 인근 동네에 사는 친구와 함께 이동하는 길에 필요한 것이 있어 들렸을 뿐이다.

슈퍼에 있던 물건은 예전의 기억보다 더 적었고, 집주인 할아버지의 친족으로 보이는 사람이 가게를 지키고 있었다. 넉살이 좋았다면 과거에 살았던 사실을 밝히며 인사를 했을 테지만 그러지 않았다. 원래 찾으려던 물건이 없어 우리는 과자나 음료 같은 것을 아무거나 집었다. 가게 주인도 나를 기억하지 못하는 듯 무심하게 계산했다. 그것이 그곳과의 마지막 기억이다.

책이 건넨 위로의 연대기

학교 도서관에서 책을 자주 빌려 읽고는 했다. 초등학생 때는 과학이나 소설 등 책의 장르를 가리지 않고 읽었다. 어린 시절에 즐겨 읽던 작품을 꼽으라면 《하느님이 우리 옆집에 살고 있네요》를 꼽는다. 이 작품은 《강아지 똥》을 쓴 권정생 선생님의 작품이다. 권정생 작가는 가난한 생활을 하면서도 자신이 받은 원고료를 기부하며, 그 과정에서 교회의 신세를 지기도 했다. 그만큼 독실한 기독교 신자이기도 했다.

어머니가 초등학생 때까지 억지로 교회로 끌고 다닌 이후로 기독교를 별로 좋아하지 않는다. 그럼에도 그 소설을 즐겨 읽었던 까닭은 하느님과 예수님이 서울의 쪽

방촌에서 가난하게 산다는 터무니 없는 설정 때문이었다. 이런 설정으로 인해 당시 기독교계에서도 큰 반발이 있었다고 한다. 그렇지만 소설을 통해 가난한 사람의 삶과 그에 대한 작가의 생각을 엿볼 수 있었다. 가난하거나 환경이 불우하다고 해서 그 삶이 곧 불행한 것은 아니다. 이러한 생각은 《강아지 똥》에서도 잘 나와 있다.

  책을 즐겨 읽었던 것은 당시 문화와도 관련이 있다. 학교를 다녔을 때는 집에 컴퓨터가 있었지만 그것은 친척에게 받은 낡은 컴퓨터였다. 그마저도 고장 나서 한동안 컴퓨터를 못 썼다. 그렇기 때문에 좁은 시골에서 누릴 수 있는 문화생활은 독서였다. 그래도 학교에 도서관이 있었기에 책을 접하기는 쉬웠다.

  독서는 어린 시절부터 해온 유일한 취미이고, 지금도 그렇다. 주변에서는 여러 취미 생활을 권유했지만, 책만큼 다양한 것을 누릴 수 있는 것도 드물다. 책만큼 장르가 다양하고 깊은 것이 없어서 잘 만들어진 몇 권의 책이라면 그만큼의 세계를 누빌 수 있다. 책에는 정말이지 많은 세계가 있었고, 그 안에 빠져 있노라면 다른 세상에 있는 것 같았다. 다만 책을 통해 신분 역전의 꿈을 꿨는지도 모른다. 책을 읽으니 국어 시험에서 성적이 좋았고, 독서를 장려하는 담임 선생님을 만나 꾸준히 책을 읽었다. 주변에서 책을 읽어서 똑똑하다고 칭찬하는 것이 듣기 좋았다. 많은 위인이 책을 읽고 성공했다는 이야기를 들으니 나도 그런 길을 가지 않을까 기대했다.

주로 베스트셀러 소설에서 읽을 수 있는 내용을 바탕으로 윤리관을 세웠다. 그것은 폭력에 대한 거부와 다른 사람의 입장을 헤아리는 것, 그리고 호의를 베풀면 돌아온다는 상식선에서 생각하면 단순한 사실들이었다. 가난하거나 불행한 생애를 다룬 소설들을 읽으면서 내가 그들보다 불행하지 않다는 것에 안심했고, 비슷한 고통에 공감하면서 이 문제에 관해 무언가를 할 수 있는 사람이 되고 싶었다.

그러다 대학생이 되어서 "책은 도피처"라는 이현우 서평가의 말을 듣고 크게 공감했다. 작은 세계에서 생각의 범주를 넓히는 방법은 책과 온라인밖에 없었다. 우리집이 가난하다는 사실을 알았지만, 거기에 대해 크게 불만을 가지지 않으려고 했다. 어차피 그것을 인정하고 원망해 봤자 오히려 해가 된다고 생각했고, 가난하게 지내는 것에 대해서는 크게 불만이 없었다. 이미 책이라는 세계와 연결되어 있는 것만으로도 충분했다.

보통 내향적인 사람이 독서를 좋아한다고 한다. 유명 소설가의 인터뷰를 보면 그들이 얼마큼 조용한 시간을 보냈으며, 얼마나 독서를 좋아했는지에 대해 멋들어지게 표현한다. 나 역시 그런 운명적인 이야기에 대해 쓰고 싶었다. 그렇지만 내게 독서는 일상이었다. 그저 숨 쉴 수 있는 작은 구멍이었고, 책이 있었기에 힘든 시절을 버틸 수 있었다. 어떻게 보면 책을 좋아한다는 다른 사람과 크게 다른 것은 없었다. 오히려 너무 힘든 시기에는 독서를 멈추기도 했다. 그런 시기에는 무기력하게 시간을 보내면서 아무것도 하지 않았다. 그렇지만 그 시기를 견디고 활력이 생기면 다시 책을 손에 집었다.

책을 지독하게 파고들었기 때문에 얻은 성취도 있다. 책을 읽기에 글을 쓰기 시작했고, 다른 사람을 위로할 수 있는 글을 쓰려고 했다. 그렇기에 나는 쓰는 인간이기 전에 읽는 인간이라 생각한다. 글을 쓰는 일 역시 즐겁지만, 책을 읽을 때만큼은 아니다. 내가 하고 싶은 말이나 궁금했던 것을 속 시원히 밝혀주는 책을 읽을 때만큼 짜릿함이 드는 순간이 없다. 그 순간이 나를 살게 해주었다.

세상과의 유일한 연결선

 최근 온라인 게임이 과거의 버전으로 다시 만들어져서 나온다. 평소에 연락하지 않던 형이 나에게 〈바람의 나라 클래식〉이 나왔다고 연락했다. 너도 어렸을 때 재밌게 하지 않았느냐고 하면서 말이다. 나는 짐짓 모른체하며 연락을 끝냈다. 〈바람의 나라〉는 성인이 되어서까지 오랫동안 즐겼던 게임이다. 그 외에도 다양한 온라인 게임을 했다. 그래서 온라인 게임이 인생의 반을 날려버린 주범이라고 농담처럼 이야기하고는 한다.

 초등학생 때 동네 형의 손에 이끌려 PC방에 갔다가 〈스타크래프트〉를 하는 사람들의 모습을 보고 별세계라는 생각이 들었다. 모니터 화면 속 텔레비전과 다른 새로운 세계에 흥미를 느꼈다. 더군다나 그 화면을 직접 조작할 수 있다는 점에서 더욱 흥미로웠다. 초기 PC방은 흡연이 가능하고, 어른이 사용한다는 인식이 강해서 무서운 장소로 인식되었다. 그러다 중학생이 되면서 어린아이들도 즐길 수 있는 다양한 게임이 나왔다. 컴퓨터 가격이 비싸 아이들은 자연스럽게 PC방을 향했다. 용돈이 적었던 나는 PC방도 쉽게 이용할 수 없었다.

그래서 최후의 수단으로 온라인 게임을 하기 위해 현재는 행정복지센터라고 불리는, 면사무소에 있는 정보화실을 찾았다. 집에 컴퓨터가 없는 시민들이 자유롭게 이용할 수 있도록 개방한 곳이었다. 언젠가부터 그곳에서 컴퓨터 게임을 할 수 있다는 소문이 학생들에게 퍼졌다. 나 역시 학교가 끝나면 그곳에 달려가 게임을 했다. 직원들은 그 모습을 탐탁지 않게 여겨 게임을 하는 모습을 보면 쫓아내고는 했다. 그렇지만 쫓고 쫓기는 톰과 제리처럼 어떻게든 끈질기게 이용하고는 했다.

그렇게 게임을 하더라도 당대의 온라인 게임은 유료로 정기 결제를 해야 했다. 〈바람의 나라〉 같은 경우 20레벨이 넘어가면 결제해야 접속이 가능했다. 그렇기에 아이

디를 만들어 19레벨까지 만들고 키우거나, 그 레벨에 할 수 있는 퀘스트를 깨며 놀고는 했다. 그러다 정책이 바뀌어 부분 유료화가 되면서 성장이 쉬운 99레벨까지 키우고 마는 식으로 반복했다.

 이러한 모습은 감히 비교할 수는 없겠지만 다큐멘터리 〈이벨린의 비범한 인생〉을 떠올리게 한다. 게임 〈월드 오브 워크래프트〉 유저의 실화를 바탕으로 한 이 다큐에서는 희귀 근육 질환을 앓으면서 외부와의 소통이 어려워진 주인공이 게임을 통해 사람들과 소통하며, 연결되는 과정을 그리고 있다. 특히 주인공은 게임에 접속한 뒤 습관처럼 주변 마을을 한 바퀴 도는 행동을 반복하고는 했다. 당시에 그것을 본 유저는 그 행동을 이해할 수 없었다고 한다. 그렇게 마을을 뛰는 것이 그에게는 자유를 만끽할 수 있었던 순간이었을 것이다.

 다큐를 보면서 과거의 기억을 떠올렸다. 나 역시 친구들과 어울릴 수도 있었지만, 온라인이라는 공간은 무척 매혹적이었다. 나중에 집에 컴퓨터가 생기면서 가상의 공간과 쉽게 연결될 수 있었다. 그렇게 새로운 세계를 탐험하면서 사람들과 소통하는 게 즐거웠다. 온라인의 관계가 쓸모 있는가에 대한 논쟁은 별로 중요하지 않았다. 인공호흡기를 달고 있는 사람에게 가짜 호흡을 하고 있다고 하지 않는 것처럼 말이다.

그렇지만 당시에도 몇 가지 생각이 공존하기도 했다. 시간만 되면 내내 온라인 게임을 할 정도로 몰입했고, 주변에서는 중독이라고 할 정도로 우려했다. 그런 내 모습을 돌이켜보면 절제 없이 몰입했다는 생각도 든다. 한편으로 나름대로 변명할 여지도 있다. 학교에서 주어진 학업에 충실했고, 취미로 꾸준히 책을 읽었다. 그렇기에 스스로 중독이 아니라고 합리화할 수 있었다. 그렇지만 방학이 되면 집에서 게임을 하면서 대부분의 시간을 보냈다.

그런 모습을 돌이키면 반성하기도 하지만, 한편으로는 게임을 안 한다면 무엇을 할 수 있었을까 싶다. 공부를 하지는 않았을 테고, 친구들과 어울려 놀지도 않았을 것이다. 그렇다고 주변을 돌아다닌다거나 다른 문화 여가 생활을 즐기지도 않았을 것이다. 어차피 산골에 틀어박혀 있는 이상 할 수 있는 것이라고는 독서나 텔레비전 시청, 게임이 전부였다. 그렇기에 게임에 중독된 것은 어찌 보면 당연한 일이었다.

물론 게임을 그렇게 강박적으로 했다면 프로게이머든, 게임 회사에서 일을 하든 뭐라도 해야 한다고 생각할 수 있다. 그래도 온라인을 통해 게임만이 아니라 다양한 활동을 했다. 게임 커뮤니티에서 활동하거나, 당대에 유행하던 퀴즈를 푸는 사이트를 만들어서 배포하기도 했다. 그러다 한 커뮤니티에서 글쓰기를 시작했다. 나에게는 온라인이 유일한 문화공간이었다.

그렇지만 무엇이 먼저냐는 흔한 논쟁처럼 삶을 들여다보면 의미 없는 의문이 이어진다. 강박적인 게임 생활은 삶의 다른 것에 의미를 두지 못하게 했고, 그로 인해 전반적으로 무기력한 시간을 보냈다. 정신을 차리고 얼마간 기력이 있을 때도 할 일이 없어 다시 게임을 하는 생활을 반복했다. 그리고 그것은 이십 대까지 이어지는 생활의 복선이었다.

한국에서 살아남기 힘든 유형

 어렸을 때부터 상상을 좋아했다. 동화책을 읽고 난 뒤 이야기가 다른 식으로 진행되면 어떨까 하고 내 식대로 줄거리를 바꿔보기도 하고, 주변에 보이는 물건에 이름을 붙여 이야기를 만드는 것을 좋아했다. 그에 반해 사람들과 어울리는 일은 점점 더 어려워했다. 초등학교 저학년 때는 그래도 아는 동네 친구들이 있어서 괜찮았는데, 전학을 한 이후에는 부쩍 친구들과 어울리기가 어려웠다. 그것도 점점 적응했지만, 어머니는 그런 나를 두고 내성적이라고 이야기했다. 그 단어를 대략 조용하다는 의미로 알아들었다.
 MBTI가 유행하기 전부터 인터넷에 있는 MBTI 검사를 자주 했었다. 그럴 때마다 INFP가 나왔다. 그것을 보고 INFP의 특성이 무엇인지 살펴봤다. INFP는 공상을 좋아하고, 자기만의 세계가 강한 사람이라고 설명된다. 그것을 보고 나서 내 성격이 이해되었다. 무엇보다 한국에서는 INFP 유형이 살아남기가 힘들다는 이야기가 농담처럼 퍼져 있었는데, 오히려 그 말이 위로됐다.

주변에는 나와 비슷한 관심사를 갖고 있는 친구가 적었다. 그래도 중학생 때부터 비슷한 관심사로 만난 온라인 글쓰기 친구들이 있었기에 힘이 될 수 있었다. 더군다나 학년이 올라가면서 교과 난이도가 올라가 학원을 다니거나 자습을 해야 했지만 그러지 못했다. 그러다 보니 상상의 세계에 더 몰입했다.

특히 오래전에 지나간 사람들과 상상의 대화를 많이 나눴다. 그중에는 짝사랑을 오래 한 상대도 있었다. 누군가를 마음에 두면 오랜 기간 상대에게 호감을 품었다. 그렇지만 마음을 직접 표현하지는 못하고, 기회가 있다면 주변에 머무를 뿐이었다. 그러다 보니 친해지지 못했고, 이따금 대화를 하면 그 기억을 몇 번이고 곱씹었다. 어쩌면 내가 사랑했던 것은 그 사람을 통해 떠오르는 상상이 아니었을까 싶다.

강렬한 상상은 현실 속에 있는 상대가 무언가를 해주지 않더라도 좋았다. 물론 이따금 인연을 만들어갈 기회는 있었지만, 인연을 이어갈 용기가 없었다. 그렇기에 그저 토템처럼 인연을 만지작거리며 그 사람이 떠나면, 다른 상대가 채워질 때까지 그 사람을 떠올렸다. 그런 식으로 멘토를 섬기거나 가상의 연인을 만들었다.

반면에 사회의 규범은 이해하기 어려운 영역이었다. 때로는 정해진 규칙이 있어도 그것이 별도로 명시되어 있지 않아서 다른 사람의 행동이나 말을 통해 그것을 유추해야 했다. 보통의 사람이라면 그것이 어렵지 않을 수 있다. 그렇지만 상상력이 많은 사람에게는 더 과도한 생각을 투사하게 만든다. 어느 정도 한계를 그어야 할 때에도 멈추지 않고 상상하는 것이다. 그럴 때는 엄격하면서도 부드러운 가이드가 필요하다. 그렇지만 그런 가이드를 만난 경험이 드물었다.

시대가 지날수록 선택권은 많아지는 듯했다. 특히 90년대생 이후 많은 사람이 자신이 하고 싶은 일을 직업으로 삼을 수 있다는 전망이 떠돌았다. 부모님 역시 나에게 바라고자 하는 모습이 있었지만, 시대의 분위기에 영향을 받아서인지 강하게 훈육하지는 않았다. 나 역시 그런 분위기로 인해 꿈을 굳힐 수 있다는 자신감이 컸다.

그 꿈은 혼자여도 충분했다. 어린 시절부터 어두운 방 안에서 홀로 있는 모습을 자주 상상하고는 했다. 그 장면은 아랫마을에서 어느 형의 모습을 봤기 때문이다. 그는 성인이 되어서까지 부모님 밑에서 살면서 밤낮을 가리지 않고 〈디아블로 2〉를 하고 있었다. 그 사람이 어떤 사정으로 인해 그렇게 지내는지는 알 수 없었다. 그 모습을 떠올리면 문제라고 생각했다. 그렇지만 마음 속 한편으로는 나 역시 그런 삶을 살지 않을까 생각했다.

모험보다는 기존의 장소를 선호했다. 굳이 모험할 게 아니라면 주어진 환경에서 살아가는 것이 자연스러운 일이다. 글을 쓸 수 있는 환경과 세상과 연결될 수 있는 인터넷만 주어진다면 그것으로도 충분했다. 그곳에서 나만의 왕국을 건설해서 살아가는 것이다. 거기에 더 바랄 것이 없었다. 생각해 보면 그 그림에는 가족이나 친구가 포함되어 있지 않았다. 어른이 되어서까지 누군가와 함께 한다는 것은 상상하지 못했다.

머릿속에서 맴도는 상상의 존재와 인터넷의 영혼들로 삶을 꾸릴 수 있다고 생각했는지 모른다. 어찌 보면 근미래에는 가능할 법할지도 모르나 그 시기에 보면 무모한 생각이었다. 그렇기에 나 역시 이 생각을 다른 사람에게 함부로 떠들지는 않았다. 그저 마음속으로는 그런 시기가 오리라 기대했고, 스스로 그런 상황이 되도록 부추겼다. 주변에서는 그런 상황에 처하면 안 된다며 만류했겠지만, 그보다 더 좋은 상황은 상상하기 어려웠다.

글을 통해 꿈꾼 이상향

 중학생 때부터 장래 희망은 늘 소설가였다. 소설을 통해서 위안을 얻었고, 나 역시 그런 소설을 써서 사람들에게 위안을 주고 싶었다. 그런데 소설을 쓰기에는 사는 세상이 좁기도 했고, 내 생각도 그만큼 좁았다. 그러다가 한 친구를 동경했다. 남이 불러도 모를 만큼 책을 집중하며 읽으면서도, 선한 성격으로 사람들의 호감을 사는 친구였다. 그 친구가 내게 판타지 소설을 권했다. 그전에는 일부러 판타지 소설을 빼고 읽을 만큼 편견이 있었지만, 그와 친해지고자 하는 마음에 따라 읽었다.

 마법과 검의 세계는 단순했다. 때로는 운으로, 때로는 노력으로 자신의 실력을 쌓아가며 세상을 구하거나, 군

림하는 줄거리가 대부분이었다. 비슷한 소설을 여러 개 접하면 플롯은 반복되고, 얼핏 보면 유치했다. 그렇지만 그런 줄거리에 열광했던 것은 그 세계가 아니면 누릴 수 없는 비루한 현실 때문일 것이다. 내가 그 세계에 들어간다 해도 엑스트라에 불과할지도 모른다. 그렇지만 소설의 주인공이 된 것처럼 몰입해서 읽었다.

주인공들은 대개 운이 좋아서 잘 풀리는 경우가 많았다. 그런 운이 좋은 주인공도 항상 성실하게 행동했다. 그렇기에 무언가를 성실히 한다면 그에 맞는 성취를 이룰 수 있을 것이라 생각했다. 당시에 소설가는 지금 이상으로 사양하는 직업이었다. 선망하는 사람은 많았지만 한 시절의 꿈으로 남기는 사람이 많았다. 그런데 판타지 소설에서는 비인기 직업을 선택해서 만고의 노력 끝에 성공하는 경우가 많았다. 나 역시 일찍부터 소설에 눈을 떴으니 꾸준히 쓴다면 소설가의 꿈을 이룰 수 있지 않을까 막연히 기대했다.

온라인에서 소설을 연재하기도 했다. 사람들이 쓰는 소설은 비슷한 상상력에 의해 만들어지는 경우가 많았다. 대부분 기존에 인기가 있거나 잘 쓴 소설을 조악하게 흉내 낸 경우가 대부분이었다. 나 역시 남들과는 다른 소설을 쓰겠다고 생각하면서도 기존 인기 소설의 플롯을 빌려 살짝 비튼 형태로 연재했다. 그렇게 비튼 것이 일부 사람에게만 호감이어서, 대중적으로 인기를 끄는 작가가 되지 못할 것임을 확인하는 계기가 되었다.

그보다도 나에게 가장 큰 인연이 되었던 것은 커뮤니티 활동이었다. 게임 커뮤니티를 구경하다가 우연히 그곳에서 문학 활동을 하는 소모임을 알게 되었다. 그곳은 이미 작가의 꿈을 가진 사람들이 열심히 활동하면서 꽤 흥했던 곳이었으나, 시간이 지나면서 기존의 이용자들이 자신의 살길을 찾아 떠나 쇠락하는 중이었다. 오히려 그렇게 사람들이 떠나갔기에 주로 어린 학생들이 커뮤니티에서 활동했다. 그곳에서 문학에 꿈을 두고 있는 또래들과 교류할 수 있었다.

우리는 그곳에 글을 올리면서 서로의 글을 합평했다. 그렇지만 수준이 비슷비슷하거나 장르가 달랐으므로 대부분 응원하는 마음으로 서로의 글을 읽어주는 정도였다. 대부분의 시간에는 자유게시판과 채팅방에서 떠드는 것이 전부였다. 그때는 글은 물론이고, 당대의 사회문화,

게임과 서브컬처, 자신이 즐기는 취미 등 장르를 가리지 않고 공유하며 떠들었다. 나는 비슷하면서도 다양한 생각을 갖고 있는 사람들에게 흥미를 느꼈다. 그래서 시간이 되는 한 채팅방에 상주하면서 사람들과 교류했다.

돌이키면 그때만큼 즐거웠던 기억이 없다. 어떤 사람들은 과거를 떠올리면 친했던 고향 친구들을 추억할지도 모른다. 그렇지만 나에게는 그런 친구를 만나는 데에는 한계가 있었고, 온라인을 통해 친구를 만났다. 어떻게 보면 같은 꿈을 꾼다는 점에서 경쟁자일 수도 있었지만, 그것보다는 서로 함께 할 수 있는 동료라 여겼고, 거기에서 오는 감동이 있었다. 그렇지만 대학 진학을 전후로 사람들은 뿔뿔이 흩어졌다. 이후 이십 대 중반이 되도록 이때의 기억을 계속 그리워하고는 했다.

소설가가 되기로 한 계기는 독서의 즐거움과 그를 통해서 받은 위로가 컸기 때문이지만, 작가의 꿈을 계속 이어갈 수 있었던 것은 그때 같은 꿈을 꾸면서 만나게 된 사람들에 대한 애정이 지금까지 남아 있기 때문이다. 비록 그들과 다시 만나서 함께 떠드는 일은 없겠지만, 막연히 지금의 일을 해 나가면 다른 사람과 연결될 수 있다는 희망을 버리지 못했다. 그것이 20년 가깝도록 글을 쓰게 된 이유다.

잃어버린 길에서 꿈 좇기

 문예창작 전공으로 대학을 졸업했지만 딱히 할 수 있는 것은 없었다. 그러다 바이럴마케팅 회사에 취직했다. 글을 쓰는 일을 한다고 해서 흥미를 느껴서 지원했다. 무엇보다 잘할 수 있는 일로 돈벌이하는 것이 필요하다고 생각했다. 회사에서는 그렇게 고상한 글을 쓰는 것은 아니었다. 광고를 위해서는 계정을 알고리즘에 띄워야 했고, 이를 위해서 적당량의 글을 쌓아야 했다. 그러니 어뷰징으로 걸리지 않을 만큼만 글을 쓰면 그만이었다. 그런 과정은 공장에서 하는 단순 노동에 가까웠다.
 그때 가족과 함께 오랜만에 외삼촌을 만났다. 외삼촌의 집에서 고기를 구워 먹으며 가족끼리 대화를 나누었고, 나는 얌전히 고기를 먹고 있었다. 그러다 외삼촌이 내게 근황을 물었다. 나는 일을 하고 있다고 간단히 답했다. 그러자 외삼촌의 표정이 일그러지더니 "너도 꿈을 포기했구나."라고 말했다. 다른 가족은 그 말을 들었는지, 못 들었는지 다른 대화를 나누고 있었다. 그 말에 우물쭈물하다 그저 고기를 씹어먹었다.

내가 작가가 되겠다고 한 것을 외삼촌도 알고 있었다. 언젠가 외삼촌도 작가가 꿈이었다고 이야기했다. 그때 외삼촌은 나에게 너는 똑똑하다며 분명 작가가 될 수 있을 거라고 했다. 당시의 외삼촌은 인테리어 일을 하면서 전국 방방곡곡을 돌아다니고 있었다. 그렇기에 작가의 꿈을 꿨던 외삼촌의 모습이 잘 상상되지 않았다. 아마 청년 시절에 그런 꿈을 꿨었는지도 모른다.

나 역시 꿈을 아예 포기한 것은 아니었지만, 어쩌면 포기할 수 있을 것이라고 생각했다. 회사 일은 다소 부도덕하고, 흥미가 떨어졌지만 그렇게 못할 일은 아니었다. 그래서 어느 정도 돈을 모으고 난 뒤 작가 준비를 하면 되겠다고 생각했다. 그렇지만 집에 돌아오면 글은 눈에 들어오지 않았고, 그저 게임을 하며 시간을 보내는 날이 많아졌다.

   그러던 어느 날 새벽에 갑자기 어머니가 깨웠다. 그러고서는 외삼촌이 돌아가셨다고 했다. 어머니는 다소 진정된 상태였지만, 목소리에는 아직 울음기가 가시지 않았다. 어머니는 나에게 출근할 거냐고 물었다. 공교롭게도 이날은 월요일이었고, 같은 주에 예비군 훈련으로 인해 3일을 쉬기로 되어 있었다. 그렇지만 일이 줄어든 것은 아니어서 나머지 이틀 안에 모든 일을 처리해야 했다. 그러니 일단은 출근한 뒤 따로 합류하겠다고 이야기했다. 나도 경황이 없었고, 어린 나이라 내 판단이 맞는지도 알 수 없었다. 출근해서 사장님에게 사정을 이야기하니 내일은 안 나와도 된다고 이야기했다. 대신 일은 해야 하니 오늘 안에 일을 끝내라고 했다.

   기분은 울적했지만 5일 치의 일을 하루 안에 처리해야 하니 상당히 바빴다. 대리님이 내 소식을 듣고 위로해 주기 위해 점심시간에 이야기했다. 그러느라 한 5분쯤 늦었을까. 이사님이 갑자기 우리를 공개적으로 혼내기 시작했다. 십분 양보하면 당시 회사의 상황이 좋지는 않았다. 그런 상황에서 직원들이 나태하다고 자체적으로 평가를 했던 모양이다. 그래서 이 기회에 단속해야 한다고 생각한 것 같았다. 그는 혼내면서 내가 나흘을 쉰다는 사실을 지적했다. 이야기를 들으면서 황당했다. 내가 쉬는 것은 국방의 의무과 가까운 친척의 갑작스러운 죽음 때문이었다. 너무 황당해서 대꾸를 할 생각도 못 했다. 그때 회사에 가진 신뢰가 깨졌다.

장례식장에 온 친척들은 외삼촌과의 기억을 떠올리며 이야기했다. 나 역시 그때 외삼촌과 꿈에 대해 이야기했던 기억을 꺼냈다. 경황이 없어 그 말을 기억하는 사람은 거의 없을 것이다. 일정을 소화해야 했기 때문에 입관을 보고, 다음 날 예비군 훈련소로 갔다. 마침 비가 와서 훈련 일정이 많지 않았다. 훈련소 안에서 대부분의 시간을 무기력하게 누워 있었다.

그러는 동안 혼내는 상사의 모습과 외삼촌의 말을 떠올렸다. 외삼촌이 남긴 아쉬움의 말이 나에게도 와닿았다. 나 역시도 이렇게 지내서는 안 된다는 생각이 들었다. 그래서 회사에 복귀한 뒤 일을 관두기로 했다. 그렇게 일을 관두었지만, 바로 작가가 되고자 할 생각은 없었다. 그렇기에 다른 일자리를 알아봤지만, 시간이 지날수록 작가를 준비하는 쪽으로 마음을 굳혔다.

홀로 보내는 신호

 작가가 되기로 마음먹었을 때는 경로가 많지 않았다. 보통 신문사나 문학지에서 운영하는 대회에 입선해 등단하거나 출판사 투고를 통해 책을 내는 것이 보통이었다. 그게 아니라면 여러 경로를 통해 인지도를 쌓아 데뷔하는 방법이 있었다. 작가지망생 활동을 시작한 2010년대 초반에는 독립 출판의 바람이 서서히 불고 있었다. 나중에는 메일링 서비스나 1인 출판사도 활성화되었으나, 당시에는 그런 경향에 대해서 얼핏 알고 있을 뿐 등단이 먼 저라고 생각했기 때문에 큰 관심은 없었다. 그런데 정작 글을 내비치는 것이 두렵고, 생각만큼 잘 써지지 않아 제대로 투고한 적은 없었다.

그래서 인지도를 쌓아야 한다고 생각했다. 좋아하는 작가 중에는 인터넷에서 논객 활동을 하다가 유명해진 경우도 있었다. 블로그에서 활동하다가 나중에 평론가로 등단한 사람도 있었고, 유명 젊은 작가 중에는 블로그 출신의 작가가 꽤 많이 나오기도 했다. 어쨌거나 틀린 방향은 아니었다. 한편 당시의 블로그는 파워블로그라는 오명으로 인해 하향세였기 때문에 비즈니스적인 색채가 옅어서 부담이 적었다. 그럼에도 눈에 보이지 않는 블로그 레벨을 올리기 위해 서로에게 좋아요를 눌러주거나 방문을 유도하기 위해 댓글을 달아주는 '품앗이' 문화가 유행하고 있었다. 그렇지만 나는 진정성 있는 독자를 확보하는 것이 우선이라고 생각했고, 웬만하면 책을 읽거나 글을 쓰는 사람늘로 이웃 목록을 채워나갔다.

  동시에 독학을 시작했다. 이미 전문대 문예창작과를 졸업했기 때문에 더 공부하고 싶으면 편입하거나, 대학원까지도 생각해야 했다. 그렇지만 그렇게 공부한다고 해서 더 나아질 것은 없다고 생각했다. 그리고 당시의 수준으로는 진도도 따라가지 못했을 것이다. 무엇보다 비용이 큰 부담이었다. 대학 등록금은 어찌어찌 부모님이 마련해줬지만, 그것을 한 번 더 요구할 생각은 없었고 그럴 상황도 아니었다. 그렇다고 직접 돈을 벌어 대학을 다닐 용기는 더더욱 없었다.

  그래도 나에게는 도서관이 있었다. 도서관에 있는 책만 읽어도 공부하기에는 부족한 것이 없었다. 그래서 대학을 더 다니기보다는 독학을 택했다. 그때 당시의 나에게 갈급했던 것은 지식에 대한 욕망이었다. 내가 살았던 세계는 대단히 좁았고, 나 역시 세상을 이해하는 지식이 부족했다. 책을 읽었기에 기초적인 지식은 알고 있었지만, 그보다 더 복잡한 개념에 대해서는 이해하기가 어려웠다. 언젠가 교수님이 추천해 준 에리히 프롬의 책을 읽고도, 어렴풋이 이해는 가도 문장이 잘 읽히지 않았다. 이를테면 파시즘과 같은 단어를 두고 사전으로 뜻을 찾아봐도 도무지 단어를 이해할 수 없었다. 난이도가 있는 책이나 단어는 역사적인 맥락을 이해하는 것도 중요했고, 그러면서도 스스로의 관점을 다듬어 가는 것도 필요했다.

  그렇지만 조급할 수밖에 없었다. 시간이 갈수록 일을 쉬는 기간은 길어지고 있었고, 공식적으로는 일을 구한다고는 하지만 핸드폰에는 구직 어플조차 있지 않았다. 그러니까 글이라도 써야 했다. 그렇지만 그것조차도 방향이 잡히지 않으므로, 그저 블로그에 글을 쓰면서 언젠가 사람들의 시선을 끌리라 기대할 수밖에 없었다. 그런 한편으로 책을 통해 내가 미처 알지 못한 심원한 비기를 발견할 수 있으리라 생각하면서 짚이는 대로 책을 읽었다. 그럴수록 책의 내용은 잘 들어오지 않고, 내가 원하는 것이 무엇인지 갈피가 잡히지 않았다.

블로그는 온갖 주제를 올리는 잡동사니 블로그였다. 책이나 드라마, 영화, 애니메이션과 게임 같은 서브컬처까지 주로 집에서 다룰 수 있는 소재를 다루면서 그중에서 뭐 하나 걸리지 않을까 하는 마음으로 글을 썼다. 그렇지만 어느 쪽에도 반응은 오시 않았고, 사람들은 오히려 내 일상을 어설프게 담은 일기를 좋아했다. 모르는 주제에는 반응하기가 어려우니 그런 일기가 호응이 높을 수밖에 없었다. 무엇보다 소설을 올려도 그다지 반응이 없었다.

그렇게 블로그를 하면서 남는 것은 글이라고 생각했다. 그때의 고투는 분명 나를 성장하게 했다. 예전에는 글

한 줄 쓰는 것도 어려워했지만, 이제는 그게 그리 어려운 일은 아니다. 다만 블로그에서는 사람들의 눈치를 보느라 너무 긴 글은 지양해서 대부분 다섯 문단 내외의 글을 썼다. 그러다 보니 아직도 그 습관이 남아 있어 글 한 편을 쓸 수 있는 호흡이 제한되기도 한다. 무엇보다 글을 올리고 난 뒤 사람들의 시선에서 글을 다시 읽었다. 글을 쓰면서 점차 고립되어 갔지만, 역설적으로 내 방식으로 사람들과 연결되는 방법을 찾았다.

블로그가 한국에서는 한물간 SNS일지는 몰라도 이곳에서 많은 것을 할 수 있었다. 그렇기에 공식적이지는 않지만 처음으로 데뷔한 곳이라고 여긴다. 때로는 이곳을 떠나고 싶었던 순간도 있었다. 사람들도 조용히 떠나가는 경우가 많았다. 대체로 현실의 삶이 더 강하게 작용하는 순간에 이곳에 대한 미련을 놓아버린다. 나에게도 그런 순간이 올 것으로 생각했지만, 아직까지 그런 날은 오지 않았다. 오히려 이곳에서 함께 호흡했던 것이 느슨하게나마 세상과 연결되는 길이었다.

마지막으로 온 편지

블로그를 하면서 글을 잘 쓰는 사람을 찾아 읽고는 했다. 기존 독서로는 한계가 있다고 생각했고, 온라인에서 활동하는 다른 사람의 글을 배우는 데에서 가능성을 찾을 수 있다고 생각했다. 그러던 와중 글을 잘 쓰는 사람을 발견했다. 그 사람은 주로 평론을 썼다. 그의 글은 남들이 생각지 못했던 시선으로 현상을 포착하면서도, 합리적이었다. 그러면서도 글이 어렵지 않았다. 그래서 나는 칭찬의 댓글을 남기며 그에게 인사를 건넸다. 그는 짐짓 반가워하면서도 경계했다.

그 후로 그가 내 블로그에 찾아와 댓글을 달았다. 그의 말에 따르면 블로그는 대부분 광고 계정이 많거나 쓰나

마나 한 글을 쓰는 사람이 많은데, 그래도 나에게는 진정성이 엿보인다고 했다. 그러나 깊은 독서를 하지 않은 티가 난다며 이를 보완하기 위해 고전을 읽을 필요가 있다고 이야기했다. 듣는 사람에 따라 기분이 나쁠 법한 이야기였지만, 나 역시 한계를 느끼고 있었기에 그에게 책을 권해달라고 했다. 그러자 그는 추천하는 책 목록을 술술 말했다. 그렇게 그가 권해준 책을 차근차근 읽기 시작했다.

그가 추천한 책들을 탐독하면서 많은 것을 깨달을 수 있었다. 나에게는 책을 읽으면서 그렇게 큰 깨달음을 얻은 순간은 그때가 처음이었다. 어렸을 때부터 언젠가 그런 시기가 올 수도 있으리라 기대했지만, 그런 순간은 오지 않았다. 그토록 책을 읽으면서도 인생 책이라고 할 만한 책도 없었고, 세상을 이해하는 깊이도 얕았다. 그가 알려준 책을 통해 세상을 보는 시각을 갖추고, 시야를 넓힌 계기가 되었다.

그래서 그를 스승으로 모시며 교류했다. 그렇지만 그 교류는 얼마 가지 않아 끝났다. 그는 당장 글을 쓸 것이 아니라 좀 더 숙성해야 한다고 주장했다. 그렇지만 나는 블로그 연재를 도저히 멈출 수가 없었다. 블로그 안에서라도 관심을 받고 싶었고, 내 글의 방향이 맞는지 확인받고 싶은 마음이 컸다. 그것은 어느 정도 어리석은 면이 있었다. 한편으로 그의 통제적인 태도에 대한 반발심도 있었다. 그렇기에 그의 훈계에 나도 물러나지 않았고, 그렇게 인연이 끝났다.

나는 내 방식대로 길을 찾을 것이고, 그때가 되면 그에게 인정을 받을 날이 올지도 모른다고 생각했다. 그렇기에 완전히 끝이라고 생각하지 않았다. 그러나 생각보다 끝은 빨리 찾아왔다. 아버지를 따라 잠시 일을 했던 때였다. 일에 치이고, 마음은 지쳐 그때 쓴 글은 내가 봐도 형편없었다. 그러던 어느 날 블로그에 낯선 계정으로 연락이 왔다. 그는 자신이 스승의 애인이라고 소개하며 그분이 불의의 사고로 죽었다고 전했다. 그가 나의 이야기를 했었는데 경황이 없어 뒤늦게 소식을 전한다는 것이었다.

일이 끝나고 아버지의 화물차를 타고 집으로 돌아가는 길에 그 연락을 받았다. 아버지는 나에게 말을 걸며 무슨 이야기를 하고 있었지만, 그 이야기가 귀에 잘 들리지 않앉다. 나 역시 내가 겪은 일에 대해서 아버지에게 이야기할 수 없었다. 인터넷에서 스승으로 섬기던 사람이 죽었다고 할까. 그렇게 말하면 내 마음을 조금이라도 이해했을까? 나는 그렇지 않을 것이라고 생각했고, 조용히 입을 다물었다.

집에 돌아와 애도의 말을 적은 짧은 글을 답장으로 보냈다. 어쩌면 더 길게 글을 쓰거나, 그가 어디에 있는지 물어볼 수도 있었다. 그렇지만 내가 뭐라고 그렇게 찾아간단 말인가? 그렇지만 찾아가야 했다. 용서를 구하든, 애도하든 해야 했다. 그러나 얼떨떨한 상태로 상황을 받아들일 수밖에 없었다.

대신 그의 죽음으로 그가 잊히지 않도록 그처럼 글을 쓰겠다고 생각했다. 그래서 그가 권했던 책을 탐독하며 시간을 보냈다. 그가 쓰는 글의 문체는 냉철하면서도 거칠었다. 그런 점은 나와 잘 맞지 않았다. 블로그에서 알던 사람들도 내가 갑자기 너무 다른 스타일을 추구한다며 우려했다. 그렇지만 그들도 내 속사정을 알지 못했다. 나는 점점 독단적으로 나아갔고, 남들이 읽든 말든 글을 썼다. 그렇게 시간이 흘러갔고, 정신을 차렸을 때는 6년의 시간이 흘러가 있었다.

  글을 다시 시작한 데에 있어서 외삼촌의 죽음이 있었고, 글을 지속한 데에 있어서 스승의 죽음이 있었다. 그렇지만 이 사실을 주변에 말하지 못했다. 그렇게 이야기했을 때 이해받으리라고 생각하지 않았기 때문이다. 그렇게 속이 곪아가고 있었다. 그런 한편으로 스스로를 의심했다. 어쩌면 내가 하고 싶은 일을 하기 위해 이들의 죽음을 명분으로 삼은 게 아닌가 하고 말이다. 분명한 것은 마음의 일부가 망가진 상태였고, 그것을 회복할 시간이 필요했다는 것이다.

좁은 세상에 머물다

은둔 챌린지

 블로그를 할 무렵 일하지 않고 버티는 방법은 돈을 아끼는 법밖에 없었다. 숙식은 가족에 의존해 해결하더라도, 최소한의 통신비는 내야 했다. 통신사 사이트를 뒤적거리며 사용할 수 있는 최소한의 요금제를 찾은 뒤 더 줄일 수 있는 것이 뭐가 있을지 생각했다. 그렇게 생각한 결과 사람들과 만나지 않는 것이 가장 낫겠다고 생각했다.

 원래도 사람을 자주 만나는 것은 아니었다. 성향상 누구에게 먼저 연락을 하는 것도, 연락을 잘 이어가는 것도 아니어서 한 시절이 지나면 인연이 끝나는 것이 대부분이었다. 그럼에도 지속적으로 연락하는 친구들이 있었다. 그중에는 고등학생 친구들과 가장 인연이 깊었다. 학부 문제로 인해 삼 년 동안 같은 반이었고, 한 시절에 꽤 깊은 인연을 맺었다. 그렇기에 나 역시도 그들에게 애정을 갖고 인연을 이어 나갔다.

   그렇지만 대학 진학 이후 경기 남부로 이사를 오면서 거리가 멀어졌다. 지하철로도 노선이 길어서 한 번 갈아타고, 그러고서도 버스를 타고 한참 들어가야 그들이 있는 곳에 닿을 수 있었다. 물리적 거리는 중요하지 않다고 생각했다. 여유가 되는 한 가는 데에는 어려움이 없었다. 그렇지만 작가가 되기로 마음먹고 일하지 않고 생활한 뒤부터는 모든 것이 부담이었다.

   그때 당시에 아이스 버킷 챌린지가 유행하고 있었다. 루게릭병 환자의 고통을 나누고, 이들을 도우려는 모금으로 진행하는 챌린지였다. 유명인이나 인플루언서 관계없이 얼음물을 쏟아부으며 발을 동동 구르는 모습을 보며 사람들도 관심을 가졌다. 그때부터 다양한 챌린지가 우후죽순 나오기 시작했다. 그래서 나 역시 친구를 안 만나는 챌린지를 하자고 마음먹었다. 기간은 작가로 성공하기까지이지만 일단 반년으로 잡고, 가능한 한 고향 친구들을 만나지 않는 것을 목표로 했다.

친한 친구에게는 작가 준비를 해야 하니 당장 여유가 없어서 만나기가 어렵다고 언질하기도 했다. 확실히 그것은 좋은 핑계가 되었고, 친구도 이해해 줬다. 다른 친구들은 어차피 거리가 머니 한 번쯤은 오지 않을 수 있다고 받아들였다. 그렇게 반년이 지나고 난 뒤, 당장에 성과가 있는 것은 아니었다. 여전히 돈을 아낄 필요가 있었다. 친구를 안 만나도 꽤 괜찮다는 생각마저 들었다. 그러다 보니 1년을 채워야겠다는 생각이 들었다.

1년이 지나고 나서는 어차피 친구를 만나는 게 당장의 효용이 있는 것이 아니니 내가 잘 될 때까지는 만나기를 미뤄도 되는 게 아닌가 하는 확신이 들었다. 그러는 동안 친구들이 나에게 못 해줬던 일들을 떠올리고는 했다. 어차피 나에게 관심이 없으니까 이렇게 연락도 안 하는 거겠지. 거리도 머니까 어차피 내가 없어도 그들끼리 알아서 잘 어울릴 것이라 생각했다. 그렇게 생각하니 괘씸해서라도 그들을 안 만나는 것으로 의사 표현을 해야겠다는 생각이 들었다. 나중에 생각하면 그때는 모두가 사회 진입 시기라 바쁘기도 했고, 서로를 돌아볼 여유가 없었다. 그렇지만 그때는 그런 핑계로 인간관계를 정리해야

겠다고 생각했다.

 그렇게 2년을 보내고 난 후부터는 챌린지라는 이름을 붙이지 않았다. 상황이 달라진 것은 없었다. 나는 여전히 작가지망생이었고, 친구들을 안 만난다고 해도 딱히 감정이 들지 않았다. 오래된 인연을 떠나보낸다는 게 아쉽기는 해도 그럭저럭 견딜 만했다. 다만 친구들을 만나지 못한다면 어디에서 사람을 만날 수 있을까 싶었다.

 그때의 나는 정말 괜찮았다. 사람을 만나지 않아도 일상에는 큰 지장이 없었고, 이뤄야 할 목표를 향해 달려가면서 그저 시간을 흘려보내는 것만으로도 나쁘지 않았다. 정말 외롭다고 느낀다면 블로그에 글을 쓰는 것만으로도 외로움이 어느 정도 해소되었다. 그게 아니라면 인터넷 방송을 보며 혼자 웃는 것만으로도 족했다. 그 후에 찾아오는 적막이 두려울 때는 게임을 하거나 인터넷 커뮤니티를 보면서 외로움을 채웠다.

 돌이키면 조금씩 망가지고 있었다. 이상한 일이다. 그저 사람을 만나지 않을 뿐인데 세상이 좁게 느껴졌다. 어차피 나 하나만 건사하면 충분하다고 생각했고, 그저 하루 일상에만 집중하게 된다. 나머지 것에 대해서는 별로 관심을 갖지 않게 된다. 감정이 무뎌져간다. 원래 성격도 무딘 편에 속하지만, 그때는 마음이 갈려 나갔다고 느낄 만큼 무미건조한 시간을 보냈다. 그저 사람을 만나지 않았을 뿐인데 이렇게까지 감정이 메마를 수 있을까.

그 뒤 4년의 시간이 더 흘러 고립에서 빠져나왔을 때도 고립 생활은 했지만, 은둔 생활을 했다고 생각하지는 않았다. 은둔은 내가 경험했던 것보다 더 깊은, 사회와 완전히 단절한 경험을 한 사람이라고 생각했다. 그러다 예전에 쓴 글을 읽던 중 친구를 만나기 않기로 다짐했던 내 모습을 발견했다. 그것은 정확히 은둔을 가리키고 있었다.

당사자마다 다르겠지만 은둔의 시작이 한 순간에 찾아오지 않을 수 있다. 거기에는 수많은 인과가 있을 수 있다. 나 역시 그렇다. 그렇지만 은둔을 시작한 결정적 순간을 찾는다면 친구를 안 만나려고 다짐했던 순간을 떠올릴 것이다. 그런 과거를 떠올리면 지금의 나는 좋은 선택이 아니라고 말릴 것이다. 그렇지만 그때의 나는 이 방법이 아니면 버틸 수가 없는데 어떡하냐고 답할지도 모른다. 거기에 대하여 나 역시 쉽게 답할 수 없다.

그 순간에는 그런 선택을 할 수밖에 없음을 인정한다. 그렇지만 그 시절을 미리 겪어낸 선배로서 한 마디 이야기할 수 있을 것이다. 네가 한 그 선택으로 인해 네 마음은 상당히 갉아 먹힐 것이고, 그것을 회복하기 위해서는 그보다 훨씬 더 오랜 시간을 보내야 할 것이다. 그 상처는 단순히 무언가에 의해 할퀴어진 것이 아니라 아주 긴 기간에 걸쳐 마모될 것이다. 그 마모된 감정을 복원하기에는 너무나 오랜 시간이 걸리고, 온전히 회복하기는 어렵다고 말이다. 이 이야기를 해준다면 그 선택을 하는 데에 조금은 망설이지 않을까.

기대하지 않는 오늘

눈을 뜨면 이미 방은 환하다. 일어나서 눈을 비비며 데스크탑을 켠다. 오래된 모니터에 윈도우 로딩 화면이 뜬다. 그 후 한글 프로그램을 키면 빈 문서가 마중한다. 때로는 그 문서를 다 채울 수 있을 만큼 자신에 차 있고, 어느 날에는 아무것도 손을 대기가 싫어 절망스러울 때도 있다. 창밖에는 기차가 지나가는 소리가 들렸다. 고개를 돌리면 지나가는 기차를 볼 수 있었다. 그렇지만 기차 소리가 들려도 일부러 밖을 본 경우는 드물다. 기차 안에서 어딘가를 오가는 사람들은 관심 밖의 일이었다. 그저 변하지 않는 매일매일의 시간을 보내고 있었다. 그 시간이 6년이 될 줄은 몰랐다.

고립에 대해 연구한 사람들은 고독과 고립, 외로움의 차이를 잘 구분해 낸다. 그들의 의견을 따른다면 고독과 고립은 스스로 선택했느냐, 아니냐에 따라 다르다. 고립과 외로움은 객관적 상태냐, 주관적 감정이냐의 차이다. 그렇다면 고립은 원하지 않았지만 혼자 남게 된 상태다. 그렇지만 그렇게 이야기하는 사람들도 고립을 진득하게 경험하지는 못했을 것이다.

간혹 고립을 늪으로 표현하기도 한다. 가벼운 수위의 늪을 보면 빠지더라도 발목 정도의 진흙만 묻을 뿐 금방 빠져나올 것 같다. 그러나 늪은 빠져 보지 않는 한 깊이를 가늠하기 어렵다. 깊은 늪에 한 번 빠져 그 안에서 혼자 허우적거릴수록 오히려 늪에 잠긴다. 그럴 때 늪에서 빠져나오기 위해서는 다른 사람의 도움이 필요하다.

고립에서 빠져나오기 위해서도 다른 사람의 도움을 받아야 한다. 그렇지만 고립에 빠진 사람은 대부분 주변에 도움을 요청할 사람이 없다. 물론 다른 사람의 도움이 달갑지 않아서 도움을 거절할 수도 있다. 그렇다 하더라도, 이 넓은 세계에서 자신을 도와줄 사람이 한 명도 없다는 것은 그 사람의 세계에 심각한 결핍이 있음을 보여준다.

고립의 시간에서 '사람은 혼자라는 생각'과 '사람을 만나고 싶은 욕구'가 반복된다. 그러다 사람을 만나고 싶은 욕구가 좌절되면 자신이 철저히 혼자라는 것을 깨닫게 된다. 반대로 관계를 갈구하며 무언가를 붙잡았을 때, 그것이 인연이 된다면 고립에서 빠져나올 수도 있을 것이다. 그렇지만 고립이 길어진 경우에는 그런 기대가 빠르게 닫힌다. 늪의 동심원이 점점 줄어든다.

고립된 사람은 슬픔을 모른다. 슬픔이 자신의 주인이 되면 하염없이 무너질 것 같기 때문이다. 그렇게 하여 막다른 골목에 갇혀 있다고 생각하면 선택할 수 있는 사항은 몇 가지 없다. 죽음은 두렵고, 그렇다고 구원도 무섭다면 앞으로 남은 긴 시간을 버틸 수밖에 없다. 나 역시도 버티기를 택했다. 많은 것이 망가지고, 더 망가질 일만 남을 것 같은데 그럼에도 버티기를 택한 것은 뜻 없는 희미한 낙관이 마음속에 있었기 때문이다.

한심한 글쓰기를 하고 나면 쓴 글 중에 하나를 골라 블로그에 올리고는 했다. 블로그에는 가끔 선생님이라 호칭하며 진심으로 존경하고 응원한다는 댓글이 달리기도 했다. 내가 댓글을 단 그 사람보다 나이가 한창 많을 것 같지는 않았다. 그것은 무명의 유튜버가 사람들의 응원을 받는 것과 흡사했다. 그러한 것에 별로 의미를 두지 않았다.

    내가 응원받는 것은 그 사람이 살지 못하는 인생을 살고 있기 때문이라 생각했다. 그 점에서 그들은 나의 삶을 존중하고 응원하더라도, 나처럼 살고 싶지는 않을 것이다. 나 역시 지금처럼 살고 싶지 않았다. 그런 응원에 할 수 있는 것은 그저 없는 힘을 짜내어 상냥하게 답하는 것뿐이다. 그렇지만 마땅히 할 말이 떠오르지 않아 짧은 몇 마디로 고맙다고 남긴다. 길게 쓴 글에 비해 댓글은 자신이 없다.

    그러고 나면 다른 사람의 블로그를 둘러본다. 블로그에는 가보지 못한 여행지나 맛집 사진이 보정된 채로 즐비하게 늘어져 있다. 그때는 그런 사진이 보정된 것인지도 몰랐다. 멍하니 블로그를 둘러보면서 사진 속 세상이 판타지 세계라 여겼다. 나는 애써 아무렇지 않다고 마음을 다잡으려 했다. 내가 가보지 못할 다른 세계를 보면서 굳이 관심을 가질 필요는 없었다. 그저 그 세계를 보는 것으로 호기심을 충족하면 그만이었다.

때로는 호감이 가는 상대의 사진을 보면 마음이 철렁했다. 그렇지만 관심을 표현하지 않았다. 설혹 일이 잘 되어서 좋은 인연으로 맺어진다고 해도 지금의 상태로는 결국 파국으로 이어질 것이라 생각했다. 그저 내가 할 수 있는 일은 그 사람 주변에 머무르되, 아무것도 하지 않는 것이었다. 블로그에 올라온 글을 다 읽고 나면 인터넷 방송을 보고, 게임을 하면서 시간을 보냈다. 그렇게 시간을 보내고 나면 대부분 늦은 새벽이었고, 때로는 아침이었다. 몸이 완전히 노곤해져 곧장 이불에 몸을 뉘었다. 그렇게 하면 기대하지 않아도 내일이 왔다.

라면으로 버티는 하루

 늦은 아침에 일어나면 주방에 가서 물을 올린다. 라면 봉지를 뜯어 가스레인지 옆에 둔다. 라면은 나의 주식이었다. 대신 밥을 꼭 같이 먹었고, 냉장고에 김치나 다른 반찬이 있으면 곁들여 먹는 것이 유일한 기호였다. 매일 라면을 먹는 것이 건강에 좋지 않다는 것은 나중에 알았다. 그렇지만 그 사실을 알고 있었다 하더라도 대수롭지 않게 여겼을 것이다. 대체할 만한 먹을거리도 마땅치 않았기 때문이다.

 부모님은 모두 일을 했지만, 식사를 포함한 집안일은 잠정적으로 어머니의 몫이었다. 어머니 역시 일이 바빴기 때문에 식사를 준비하는 날은 많지 않았다. 그래도 시간이 남는 주말에 김치찌개나 장조림 등의 반찬을 해두고는 했다. 그럴 때는 그것을 반찬으로 밥을 먹고는 했으나 나중에는 거의 라면을 즐겨 먹었다. 그것은 합리적인 판단이었다. 오랜 고립은 가족을 지치게 했고, 나는 집에서 식사만 축내는 식충이었다. 그런 나를 챙기기에는 가족도 여력이 없었다. 스스로도 먹을 자격이 없다고 생각했다. 나중에 어머니는 다른 것은 채우지 않더라도 봉지라면은 부족하지 않게 채웠다.

라면은 가난의 상징이면서, 낭만의 상징이기도 하다. 가난했기에 즐겨 먹었던 것뿐인데 말이다. 라면을 먹는 일은 남루하지만, 대체로 비슷한 상황에 처해 있기에 느끼는 공통된 감각이 있기 때문일지도 모른다. 아이러니하게도 내가 가난해질수록, 가족의 형편은 점점 더 나아졌다. 나는 그 사실조차 자각하지 못한 채 가끔 가족이 모여 외식을 할 때면 뻐끔뻐끔 있다가 나오는 음식을 조용히 훑어 먹었다.

어쩌다 어머니 손에 이끌려 마트에 가면 어머니가 먹고 싶은 게 없냐고 묻고는 했다. 대부분 집어 드는 것은 과자였다. 음식은 나의 세계에 속해 있지 않았다. 먹기 위해서는 요리를 해야 했지만, 요리를 제대로 해본 적이 없어서 쉽게 끼니를 때울 수 있는 것은 라면뿐이었다. 나에게는 먹는 행위가 별로 중요하지 않았다. 살기 위해 먹는 것이지, 맛있는 음식을 먹어도 그렇게 감흥이 오지 않았다. 때때로 알약으로 모든 영양분을 공급받을 수 있으면 좋겠다고 생각했다.

어린 시절부터 길들여진 식습관 탓도 있을지 모른다. 아버지가 기러기 생활을 하고 있을 때, 어머니도 공장에서 일을 했다. 그럴 때면 어린 두 형제가 밥을 차려먹어야 했다. 그것이 기술적으로 어려우니 간단한 라면을 자주 끓여 먹었다. 아버지와 함께 살게 된 이후에도 부모님이 없는 시간에 식사는 거의 우리 둘의 몫이었다. 그럴 때 항렬에 의해 내가 라면을 끓이는 일이 많았다. 나는 항상 물 조절을 잘 못했고, 그렇게 라면을 끓여오면 타박을 받았다. 그러다 성인이 되고 나서 형과 술집 안주로 라면을 먹었는데, 형은 정말 오랜만에 라면을 먹어본다며 소회를 이야기했다.

그때도 나는 여전히 라면을 먹고 있었다. 늦은 시간에 일어나면 식사 시간이 맞지 않기도 했지만, 일부러 시간을 맞추지 않았다. 방 안에서 부모님이 있는가 없는가를 살폈다. 아버지는 일의 주기가 비정기적이었다. 그렇기에 아버지가 있기라도 한 것 같으면 금방 냄비에 물을 올리고 방 안을 오갔다. 그러다 라면을 끓이고 난 다음 최대한 빨리 먹어 치워 주방에 있는 시간을 최소화했다.

점점 방에서 컵라면을 먹는 일이 많아졌다. 사람들을 만나지 않고서 심심한 마음을 달랠 길이 없었다. 그럴 때 미디어에서 컵라면과 소주를 놓고 먹는 장면을 기억했다. 가장 저렴하게 외로움을 달랠 수 있는 식사라 생각했다. 마침 코로나가 극성을 부릴 때라 어디로 나갈 수 없다는 좋은 핑계가 있었다. 그래서 편의점에서 좋아하는 종류의 컵라면을 사서 방에서 영상을 틀어놓고 소주를 홀짝홀짝 마시고는 했나. 그럴 때 어김없이 부모님의 핀잔이 이어졌지만, 이미 체념한 듯한 핀잔이었다.

지금은 예전만큼 라면을 자주 먹지 않는다. 애인의 권유로 라면만큼 만들기 쉽다는 파스타를 직접 해서 만들어 먹기도 하고, 같은 값이면 더 건강하게 먹을 수 있는 음식을 찾아 먹기도 한다. 비록 라면이 저렴하더라도 라면만 먹었던 것은 내가 가진 음식에 대한 경험이 그 정도로 한정되어 있기 때문이다. 더 많은 것을 먹어봤다면 얼마든지 다양하게 먹을 수 있었을 텐데, 그때는 최소한의 삶을 사는 데에 집중했다.

  지금도 모든 것이 귀찮을 때는 쟁여두었던 라면을 꺼내 끓여 먹는다. 때로는 매콤하고, 짭조름했던 음식이 이제는 텁텁하게 느껴진다. 어쩌면 과거의 부끄러운 모습이 떠오르기 때문일지도 모른다. 그렇다고 해도 애써 의식하려 하지 않는다. 어려움을 끌어안을 각오로 그때를 살았다. 그때나 지금이나 라면은 내게 친구 같은 음식이다.

혼자 간 데이트 명소

 가까운 곳에 도서관이 있는 것은 행운이나 여유가 있는 것이다. 서른이 되기 전까지 둘 중 어느 하나도 누리지 못했다. 집은 공장지대에 있고, 버스정류장까지 나가려면 20분 정도는 걸어가야 했다. 그 후에도 배차 간격이 엉터리인 버스를 타고 다시 20분 정도를 가야 도서관에 갈 수 있었다. 도서관은 유려했다. 입지는 행정복지센터 옆이고, 좁은 공간을 활용하기 위해 유리로 외관을 화려하게 꾸몄다. 주차할 만한 공간은 마땅치 않았지만, 차가 없는 나로서는 크게 상관없는 일이었다.
 도서관에서 책을 고르는 일은 꽤 신중했다. 언젠가는 나와 비슷한 결의 사람이 쓴 책을 찾기 위해 작가 약력을 살피며 문학 코너를 맴돌았다. 아마도 90년대생의, 동향 출신으로 찾은 것 같은데 문학가들은 점점 자신의 약력을 숨겼다. 그 대신 청년기를 다룬 책을 골라 읽었다. 그렇게 해서 읽은 것이 김의경의 《청춘 파산》이다. 아르바이트로 연명하는 청년의 이야기를 다룬 소설인데, 그중에서도 전단지 아르바이트를 하는 장면은 작가가 직접 겪은 경험이라 생각할 정도로 묘사가 생생했다.

  내 경우에는 그런 아르바이트조차 하고 있지 않은 상태였다. 좋게 말하면 비상장 중이었고, 나쁘게 말하면 상장 폐지에 가까웠다. 도서관을 오가는 것이 유일한 외출이었다. 그 비용조차 아끼기 위해서 도서관에서 책만 빌리고 곧장 집에 돌아오는 버스를 타 환승 할인을 받았다. 도서관 안에 있는 사람들은 대부분 공부를 하는 경우가 많았기에 그런 사람들과 섞여 있는 것도 불편했다.

  한 도서관을 오랫동안 다니다 보면 읽을 책이 없어지는 사태가 일어나기도 한다. 책 취향이 있었지만, 다른 도서관을 찾지 않기 위해 최대한 독서 스펙트럼을 넓혔다. 그렇지만 막상 일이 닥치자 무척이나 당황스러웠다. 동네 도서관이기 때문에 장서량이 많지는 않았다. 현재 그

도서관에 있는 장서량은 6만 권가량이다. 책이 많은 도서관이라면 보통 10만 권 정도는 소장되어 있다. 그래도 가까운 도서관에서 책을 빌리는 것이 최선이라 생각해서 온 서가를 돌아다니며 읽을 만한 것을 찾아다녔지만, 나중에는 한 권도 건지지 못했다.

어쩔 수 없이 다른 도서관에 가야 했다. 어차피 멀리 나가는 거면 큰 도서관에 가자는 생각이었다. 그렇게 해야 다시 도서관을 찾는 부담을 줄일 수 있었다. 그래서 찾은 곳이 수원에 있는 선경 도서관이다. 규모도 크고 역사도 오래된 만큼 장서량이 많은 편이다. 다른 도서관에서 빌리기 어려운 오래된 서적이 많기도 하다. 웬만한 책은 다 있었다. 그래서 이 도서관을 이용하기 시작했다.

선경 노서관에는 한 번에 가는 버스가 있어 가는 데에는 문제가 없었다. 간과했던 것은 도서관의 위치였다. 그곳은 행궁동이었다. 지금은 워낙 유명해진 경기 남부의 데이트 장소다. 인근에는 드라마 촬영지로 사용된 곳도 있고, 도서관도 꾸준히 리모델링해서 책을 좋아하는 사람들이 자주 방문한다. 당시에 행궁동은 떠오르는 데이트 코스였지만, 나로서는 그 사실을 알 수 없었다.

버스를 타고 1시간 정도 가면 중간에 큰 규모의 시장이 있는 팔달문을 지난다. 얼마 가지 않아 수원시립미술관이 나타나면 그곳에서 내린다. 거기서 쭉 걸어가면 도서관이 나오기 때문에 나에게는 별로 부담이 되지 않는다고 생각했다. 그렇지만 인근에는 힘껏 꾸민 커플들이 손을 꼭 잡고 걷는 모습이 자주 보이고는 했다. 가을이면 코트는 기본이고, 패션은 다 화려했다. 연애 한 번 못 해본 나는 그들을 부러운 시선으로 바라봤다.

물론 공부하러 도서관에 가는 몇몇 사람도 보였다. 그런 사람은 대부분 편한 운동복 차림에 검은 백팩을 매고 있다. 그런 사람이 보이면 슬그머니 그들이 걷는 행렬을 얌전히 좇아갔다. 커플들은 사진을 찍으며 우리의 진로를 방해했고, 그렇게 하면 잠깐 그들을 노려볼 기회가 생겼으나 그럴 용기가 없어 갈 길을 갔다. 그렇게 길을 따라가다 보면 도서관 초입에 있는 언덕에 오를 수 있었다. 그곳에는 커플 무리가 적었다. 그러면 안도의 한숨을 쉬었다.

그때의 기억도 오래되었으나 나에게는 인상 깊게 남았다. 그때가 아니면 사람들의 행복한 모습을 눈앞에서 볼 일이 많지 않았다. 그런 모습을 보면 마음속에 무언가 울컥 올라올 것 같았지만, 조용히 삭이고는 했다. 그런 시간이 반복되면서 그들을 나와 전혀 다른 사람들이라 생각했다. 어차피 나는 그들과 같은 순간의 삶을 살지 못할 것이며, 가만한 지금의 삶도 그다지 나쁘지 않다고 스스로 위안했다.

몸이 주는 신호

 스스로 망가지고 있다는 것을 느끼기는 쉽지 않다. 신체적 이상은 눈에 띄는데도 별 생각이 없었다. 어릴 때부터 병원에 가는 것을 싫어했다. 그것은 단지 병원을 두려워하는 어린아이의 성향 탓만은 아니었다. 산골에 있는 집에서 병원으로 가기 위해서는 멀리 나가야 했고, 부모님도 맞벌이를 하느라 신경 쓰지 못했다. 그래도 아픈 모습을 보면 병원에 가기를 몇 번 권유했으나, 나는 완강히 거부했다. 그러고 나면 부모님도 더 적극적으로 권유하지는 않았다.

 성인이 되고 난 이후에도 몸에는 알 수 없는 두드러기가 꾸준히 났다. 원인은 알 수 없었다. 뒤늦게 만난 애인의 권유로 검사를 받았고, 십만 원짜리 알레르기 검사를 해서 알게 된 사실은 알레르기의 원인에도 '기타' 원인이 있다는 것이다. 그러니까 일반적으로 생각할 수 있는 먼지, 콩 등의 알레르기가 아니라는 것이다. 의사는 간단히 설명한 뒤 덩그러니 검사지를 내밀었다. '기타' 원인에는 한눈에 보기에도 다른 항목보다 점수가 높았다. 나는 반문했다. 그렇다면 기타 원인이라는 게 뭔가요? 의사는 멀뚱히 답했다. 저희도 모릅니다. 일상에서 접할 수 있는 모종의 화학 성분으로 인해 알레르기가 발생할 수 있다는 것이죠.

그럴 때 나는 십 대 때 살던 집을 떠올렸다. 습하고 곰팡이가 끼어 있는 방 안에서 몸을 긁적이던 모습을 생각했다. 또 매 끼니 라면을 끓여 먹었던 모습도 기억났다. 그러다 증상이 심해 피부과를 가면 의사는 잠깐 거들떠보고 증세를 두고 봐야 안다며 스테로이드 연고를 처방했을 뿐이다. 자신의 몸에 무관심하고, 기력이 없는 아이는 다시 병원에 방문하고 싶은 마음이 없었다. 그저 몇 개월을 버티고 나면 두드러기가 가라앉았고, 그것으로 충분했다.

검사지를 받기 수 년 전, 이미 수원역에 있는 어느 병원에서 알레르기 검사를 받은 적이 있다. 그곳에서 나는 당황할 수밖에 없었다. 일단 병원이 생각보다 비좁았고, 의사가 굉장히 불친절했다. 그는 검사 결과를 받기 위해서는 1주일을 기다려야 한다고 했다. 그렇지만 그때는 한 번의 외출도 버거운 때였다. 나에게는 그 말이 1개월이라는 말로 들렸고, 어쩌면 1년이 지나서야 검사 결과를 받으러 갈 마음이 생길지도 몰랐다.

고의로 몸을 망가뜨리고 싶은 생각은 없었다. 그저 살아지는 대로 살았고, 일찍 몸이 망가지기에는 젊기에 버텨주었다. 가족이 내게 무관심했던 것도 사실이다. 그렇지만 그렇게 내버려두도록 스스로 재촉하기도 했다. 그때의 나는 다른 사람의 도움을 받을 바에는 차라리 스스로 망가지도록 내버려두는 것이 마음이 편했다. 다른 사람의 힘을 빌리는 것은 마치 악령의 힘을 빌리는 것처럼 소름이 돋았다. 그렇게 혼자 버티는 것을 택했다.

그러니까 그런 생활은 생각보다 꽤 괜찮았다. 방해만 받지 않는다면 집 안에서 몸을 웅크리는 것으로 자연 치유가 되었다. 알레르기 검사에서 '기타' 수치가 높게 나온 것도 오랫동안 몸을 방치해왔기 때문일 것이다. 그러니 정밀 검사를 받아보라는 애인의 말에도 무심하게 반응한다. 그 검사 결과를 만든 것은 나이기 때문에 더 알아볼 필요가 없기 때문이다. 조금씩 몸이 망가지고 있다는 사실을 알아도, 그게 대수롭지 않은 순간이 있다. 때로는 스스로의 비극이 즐겁게 느껴진다. 종종 나는 세상의 주인공이고 싶었다. 그런데 고통만큼 나를 명확하게 하는 것은 없었다. 그런 점에서 신체적 고통은 내가 살아 있다는 것을 느끼게 했고, 그것은 일종의 자해였다.

평가할 수 없는 시간

 책을 읽다 보면 때때로 고독한 시간도 필요하다고 이야기한다. 바쁜 세상 속에서 자신을 돌아볼 시간이 필요하다는 것이다. 맞는 말이다. 너무 사회 안에만 있다 보면 자신을 되돌아볼 생각을 하지 못한다. 아예 생각할 시간이 없다. 회사에서 일을 하고 지친 나머지 집에서는 누워서 핸드폰을 하는 시간이 하염없이 반복된다. 그래서 사람들은 일상에 변화를 주고자 퇴사를 선택하기도 하지만, 한편에서는 그런 선택을 만류하기도 한다. 그렇게 퇴사해 봤자 남는 시간을 견뎌낼 수 없을 것이며, 그런 시간이 익숙해지면 고립될 수 있다고 한다.

 나 역시 고립의 시간을 보내면서 처음에 주어진 많은

시간을 어떻게 사용해야 할지 알 수 없었다. 그러니 우선은 책을 읽어야겠다고 생각했다. 그때는 문예창작과도 졸업했고, 대학원은 감당하기가 어려울 것 같아 선택지에 없었다. 더군다나 작가가 되기 위해 그런 요건이 필요한 것도 아니었다. 그러니 시중에 있는 글쓰기 서적을 읽으며 감을 유지하고, 책을 독파해 나가다 보면 자연스럽게 글의 소재도 떠오르고, 금방 데뷔할 수 있지 않을까 막연히 생각했다.

나머지 시간에는 대부분 게임을 하거나 인터넷 방송을 보면서 시간을 보냈다. 그렇게 하면 시간은 정말 잘 갔다. 돌아보면 몇 개월이 지나있고, 다시 돌아보면 1년이 지나 있었다. 그렇게 시간이 흐르는 것이 무감각해지면 몇 년이 지나는 것도 훌쩍이었다. 그렇게 오랜 시간을 홀로 지내면 많은 부분이 무감각해지는 것을 느낀다. 어쩌면 신경과학적인 요인이 작용하는지도 모르겠다.

고립 역시 과거의 인류에게는 자연스러운 일일지도 모른다. 그렇지만 현대의 속도하고는 그리 어울리지는 않는다. 때때로 고립은 필요할 수 있지만 그것을 여흥으로 즐기기에는 당사자가 버겁기도 하고, 상황이 더 악화될 수 있다. 지나치게 스스로를 채찍질하면 번아웃에 빠지지만, 오랜 시간 고립 생활을 하면 마음이 마모된다. 가슴이 할퀴어 어떤 상처가 남는다면 그 상처를 치료하려고 노력할 수 있을 것이다. 그렇지만 고립은 시간이 지날수록 생각이나 감정을 무너뜨리고, 과거에 좋은 기억들마저 풍화시킨다.

현실은 아무 사건도 일어나지 않는 시간으로 채워진다. 그렇기에 고립이 길어질수록 사회와의 의사소통이 어려워진다. 무슨 이야기를 한단 말인가? 좋아하는 게임이나 스트리머 이야기를 할 수 있을까? 그래도 지금은 많은 사람이 유튜브를 보지만 온라인이 주류인 시대가 오려면 더 오랜 시간이 걸릴지도 모르고, 영영 안 올지도 모른다.

은둔 당사자에 관한 흔한 오해는 두 가지로 나타난다. 남들의 시선에도 아랑곳하지 않고 은둔하면서 하염없이 시간을 보낸다는 것이다. 그런데 이 말에 반대한다는 이유로 당사자가 엄청난 죄의식에 빠져 있어서 아무것도 하지 못한다는 이야기도 퍼진다. 분명한 것은 은둔이나 고립 모두 사람에 따라 원인이나 현상, 경과가 각기 다르다는 것이다. 그러니 그런 모습 모두 부분적으로 옳으며, 다면적인 측면이 있다.

은둔을 한 사람들도 사회의 일부고, 그들도 사회의 시선을 의식한다. 어떤 면에서 그들은 사회의 의무에 버거움을 느껴 은둔을 택한 사람들이다. 오히려 거기에 강하게 저항하거나 반발하고 싶었다면 다른 식으로 삐뚤어질 수도 있을 것이다. 이들은 사회에 얌전히 순응하는 대신 자신들의 방식으로 적응 방법을 찾은 것이다. 이들은 선택지 없이 구석에 몰렸을 때도 스스로 조용히 죽어가는 것을 택할 것이다. 그렇기 때문에 미디어에 나오는 대로 은둔하는 사람을 괴물로만 생각하면 곤란하다.

이들이 은둔의 시간을 보낼 때 항상 죄의식에만 빠져 있는 것은 아니다. 아무것도 하지 않고 가만히 시간을 보내거나, 죄책감에 시달리면서 계속 같은 시간을 보낸다면 맨정신으로는 그 시간을 버티기가 어려울 것이다. 온라인이 발전하면서 세상과 연결되는 것은 더 간편해졌다. 적어도 그 시간을 어떻게든 보낼 것이다. 그리고 그 시간이 꽤 편하게 느껴지기도 할 것이다. 세상과 떨어져 있어도 당사자는 거기에 맞는 생존법을 찾는다.

나 역시 은둔 초기에는 숨어 사는 것에 대한 죄의식이 있었다. 그렇지만 다른 사람과의 차이가 있다면 작가지망생 생활을 한다는 명분이 있었다. 그렇기 때문에 그 시기를 보내는 데에는 큰 문제는 없었다. 그리고 그것은 은둔을 시작한 다른 사람들도 마찬가지일 것이다. 처음에는 어떤 계기로 인해 은둔을 택했지만, 언젠가 상황이 나아지리라 낙관했을지도 모른다.

어차피 다 글렀다고 포기했었으면 더 편할지도 모른다. 그렇게 해서 자신의 취미에 몰입할 수 있고, 그것이 오히려 사회에 역할을 할 수 있는 새로운 기회가 되었을지도 모른다. 그렇지만 개인의 욕망과 세상의 시선 사이에서 이도 저도 못하고 갈팡질팡했다. 나 역시 자책하기도 하고, 때로는 현재 상황을 망각하면서 시간을 보냈다. 그러한 경험은 어떤 불쾌감이 들기는 하지만 때로는 괜찮았다. 그리고 이때의 기분은 정말이지 그 경험을 한 당사자가 아니면 알기 어렵다. 그렇기에 매번 이에 대한 설명을 하는 데에 부침을 겪는다.

그 시기를 보냈을 당시 애써 스스로 평가하려고 하지 않았다. 어쩌면 그동안의 비교와 평가에 지쳤을지도 모른다. 그래서 그 시간에는 온전히 내 할 일에 집중하면서 별 들 날이 있을지도 모른다고 생각하면서 시간을 보냈다. 누군가에게는 그것이 합리화라고 생각할지도 모른다. 그로 인해 주변 사람들을 괴롭힌 것도 사실이다. 당사자가 고립이 시작되었을 때는 어떤 특정 원인이 있는지도 모른다. 그러나 이후에는 그 문제만으로 머무르지는 않는다. 적어도 고립으로 인해 회복할 시간이 주어졌고, 어느 정도 시간을 보내고 나면 고통도 다소 줄어든다. 한 가지 선택은 하나의 결과만을 낳는다고 생각할 수 있다. 그렇지만 선택 하나에는 어느 정도의 긍정과 부정이 따른다. 그 시간을 쉽게 평가하기는 어렵다.

이해받지 못한 변명

　작가지망생 생활을 시작했을 때 가족에게 따로 양해를 구하지 않았다. 이에 관해서 그저 다른 일을 하겠다고 이야기했을 뿐이다. 그렇지만 집에서 지내는 시간이 길어지면서 부모님도 나를 압박했다. 이에 슬그머니 작가의 꿈을 이야기했다. 그러자 부모님은 말을 무시하며 일을 알아보라며 계속 채근했을 뿐이다. 나는 아직 시간이 필요하다고 생각해서 글을 쓰는 데에 시간을 더 보냈고, 그런 시간이 반복되면서 일을 하라는 부모님의 압박은 때때로 커졌다가 잠잠해지고는 했다.

　일상에서 위기나 감정이 몰아치는 순간은 그런 압박이 커질 때였다. 나는 최대한 눈치를 보며 부모님이 내 생활을 건드리지 않기를 바랐다. 그러나 그런 순간은 여지없이 무너졌고, 나 역시 설득을 당하는 척 일을 알아보고는 했다. 마음이 없었으니 의미 없는 시간이었다. 그런 시간이 무뎌지면서 나중에는 부모님도 나를 방관했다. 그렇지만 완전히 사그라든 것은 아니었다. 이따금 조용히 채근했고, 그때부터는 완강히 저항했다. 돌이키면 부모님이 일을 하라고 한 것은 나가서 뭐라도 하라는 이야기였을 것이다. 그만큼 방 안에서 오랜 시간을 틀어박혀 있었다. 그렇지만 그 말을 좋게 받아들이지 못할 만큼 마음이 굳어져 있었다.

나를 이해해 주는 사람이 없다는 생각에 스스로 쌓은 성 안에서 사회의 인정을 갈구했다. 주변에서 인정받지 못한다면, 어떻게든 인정받는 사람이 되어야겠다고 생각했다. 그렇지만 방 안에서 시간을 보내는 것만으로는 그것을 이루기가 어려웠다. 그래서 나중에는 가족과 식사를 피하고는 했다. 부모님이 둘 다 있는 저녁은 어쩔 수 없이 같이 먹더라도, 점심은 피할 수 있으면 혼자 먹고는 했다. 그렇게 의도적으로 가족을 피하는 일이 많아졌다.

친구를 만나도 마찬가지였다. 시간이 지날수록 연락은

줄어들고 있었지만, 그나마 계속해서 연락하는 친구들이 있었다. 그렇지만 그 친구들도 나에게 먼저 연락해서 만난 것이지, 그런 연락마저 없었으면 나는 혼자 조용히 살았을 것이다. 친구를 만나면 할 수 있는 이야기를 한 바탕 쏟아내고는 했다. 그런 이야기는 대부분 읽었던 책이나, 사회 문제에 관한 내용이었다. 친구 사이에 할 수 있는 이야기이기는 했지만, 상대를 봐가면서 해야 하는 주제였다.

    내가 할 수 있는 이야기는 그것밖에 없었다. 친구는 그런 이야기를 다 들어주었다. 그렇지만 대화가 통하지 않는 것에 갑갑함을 느꼈을 것이고, 내 생활 방식이 마음에 들지 않았을 것이다. 그렇기에 일은 해야 하지 않느냐는 말을 넌지시 건네기도 했다. 거기에 나는 내가 하고 싶은 일이 무엇인지 알지 않느냐며 서운해했다. 친구조차 설득 시키지 못하는 삶으로 누구를 설득할 수 있을까 하는 생각에 기분이 축 처졌다.

    나중에 고립청년을 인터뷰하는 프로젝트를 하면서 한 인터뷰이의 이야기가 기억에 남았다. 그 사람은 프로게이머를 꿈꿨다. 그렇지만 가족의 반대와 여건이 되지 않아 꿈을 이루지 못했다. 그렇지만 늦은 나이에도 꿈을 포기하지 않았다. 일을 알아보면서도 관련 직종에 몸담기를 원했다. 그런 그가 차라리 원 없이 도전했었다면 이렇게까지 미련을 갖지 않았을 것이라고 이야기했다.

  나도 그 말이 무척이나 공감됐다. 어쩌면 나에게 부족했던 것은 꿈을 응원하는 단 한 명의 존재였다. 그런 사람이 한 명이라도 있었다면 원하는 일을 해 나갔을 것이다. 일이 잘 안 풀려도 어떻게든 도전하려고 했을 것이다. 그렇지만 주변에서 만류하니 눈치를 보며 스스로도 망설이는 시간이 길었다. 만일 그의 말처럼 원 없이 도전했다면 목표를 이루지 못하더라도 깔끔히 포기하고 다른 일을 찾으려고 했을지도 모른다. 누군가는 그토록 지켜온 꿈을 금방 포기하느냐고 할 수도 있고, 그저 변명이라고 생각할 수도 있을 것이다.

  내가 좀 더 사람들을 이해할 수도 있었다. 그렇지만 내가 사람들을 이해하기 시작한 것도 누군가에게 이해를 받고 나서부터였다. 그리고 나서 좀 더 다른 사람의 입장을 헤아릴 수 있었다. 그전까지는 나를 향한 시선이 차갑다고 생각했고, 이는 스스로를 더 갉아먹는 요인이 되었다. 위기감을 느껴도 가족이나 친구에게 의존할 수 없었다. 내가 하고자 하는 일은 공감받을 수 없는 것이었고, 나 역시도 스스로를 검열하면서 조금씩 망가지고 있었다.

어떤 이별의 처음

 지인에게 오랜만에 온 연락은 한때 내가 썩 괜찮은 사람이었다는 것을 증명한다. 그중에 기억나는 연락은 고립 전 직업학교를 같이 다니던 형의 연락이었다. 그 형은 원래는 웹툰 쪽에 관심이 있었지만, 직업학교에서 같이 디자인을 배웠다. 당시에 커리큘럼을 설렁설렁 따라가는 불성실한 모습이 인상적이었다. 그 후 연락했을 때는 디자인 회사에서 일을 하고 있다고 했다. 이미 이전부터 같은 직종에서 일을 하고 있었다. 그의 불성실한 태도는 직업학교에서 배울 수 있는 커리큘럼이 그다지 만족스럽지 않기 때문이지 않았나 싶다.
 아무튼 길면 길고, 짧으면 짧다고 할 수 있는 5개월 인연이었다. 그 시간에 서로 다른 환경이지만, 같은 목적을 가진 사람들을 만나 좋은 인연을 맺을 수 있었다. 이때 돌연 디자인에 대한 자신감이 넘쳐서 디자이너가 되었다면 인생이 완전히 달라져 버렸을지도 모른다. 그렇지만 나는 웬만하면 글과 관련된 직종에서 일하고 싶었고, 내 미적 감각이나 디자인 실력이 처참하다는 것을 스스로 잘 알고 있었기에 금방 포기했다.

그 후에 배운 것과는 전혀 상관이 없는 바이럴마케팅 회사에서 일을 하고, 그것마저 관두었다. 그러니까 스스로에게 점점 실망하고 있었다. 새로운 일을 하고자 하는 생각은 없었고, 오로지 책에 관련된 일을 하리라 막연히 생각했다. 그런 상황에서 아는 디자이너가 있다는 것은 예비 출판 종사자 입장에서 나쁠 것은 없었다. 그러나 디자인의 세부 분야도 워낙 방대하기 때문에 엄밀히 생각하면 그런 상대를 안다고 딱히 도움이 되는 것은 아니었다. 특히 일을 관둔 뒤 점점 고립되어 가는 중이었다. 그런 상황에서는 딱히 누군가를 필요로 하지 않는다.

그럼에도 우리는 종종 연락을 주고받았다. 그것은 격의 없이 지낼 수 있는 관계였기 때문일 것이다. 그는 나보다 나이가 많음에도 불구하고, 그 나이에 맞지 않게 격의 없이 지냈다. 내가 거칠게 농담해도 그저 웃으면서 받아주었다. 그리고 글을 쓰고 있다는 근황을 진지하게 이야기하면 거기에 관해 옳다 그르다 함부로 조언하지 않았다. 그는 부산에서 올라왔고, 딱히 연락할 만한 사람이 많지 않았다. 그렇기에 명랑한 한편으로 타지에서 올라온 사람이 갖고 있는 특유의 외로움이 비쳤다.

어느 날에는 농담처럼 건네는 그의 인사가 불편했다. 그 인사가 불편했다기보다는 내 상황이 불편했다. 정말 가까운 친구를 제외하고는 간격을 두고 사람과의 연락이 띄엄띄엄해질 때라 누군가의 연락이 어려웠을 때였다. 그의 연락을 반기기에는 나는 이미 지쳐있었고, 그와 만날 것을 생각하면 사용해야 할 에너지와 비용을 가늠했다. 그것은 큰 비용은 아니었지만, 당시의 주머니 사정은 완전히 빈털터리였다. 그런 이유로 나는 그에게 별로 살갑게 대하지 못했다. 그러다가 돌연 연락에 답하지 않는 것으로 답했다.

나중에 상황이 어느 정도 나아졌다고 생각했을 때 그에게 연락했다. 지난 일이 미안해서 약속을 잡자고 했으나 그는 시큰둥해 보였다. 당황했지만 일단 약속을 잡았다. 그렇지만 약속 날이 다가왔을 때 다시 약속을 확인하기 위해 연락했으나 대답이 돌아오지 않았다. 그 후로 연락을 이어가지 않았다.

당시 인간관계를 제대로 이어간 적이 없었기에 그런 상황에 부딪치는 경우가 많지 않았다. 대부분 인간관계를 끊는 경우는 온라인이었기에, 나나 상대가 일방적으로 끊는 것이 전부였다. 그나마 인간관계를 배운다면 서서히 멀어지는 인간관계를 다룬 단편소설에서 종종 배울 수 있었다. 나에게는 소설 속 장면이 그를 통해서 재현됐다. 그 후에도 비슷한 방식으로 사람들과 멀어지는 경우가 많았지만, 이 순간을 기억하는 것은 그런 이별의 처음이었기 때문일 것이다. 그 후에는 될 대로 되라는 식으로 인연을 흘려보냈다. 너무 쉬운 말이지만 오는 인연 안 반기고, 가는 인연 안 잡는다는 태도를 취했다. 그런 모습을 스스로 쿨하다고 생각했다.

시대 인연은 점점 카카오톡이나 인스타그램으로 옮겨가는 중이었다. 어차피 그곳에서 길게 소통할 자신이 없었다. 그러니 그저 오는 연락만 받으면서 적당히 상대하면 된다고 생각했다. 물론 나도 연락이 간절하여 먼저 상대에게 연락한 경우도 있을 것이다. 그런 경우는 어린 시절에 빈번했다. 그렇지만 어느 순간 연락에 대한 욕구가 끊겼다. 그것은 몸을 운신하기 위해서였지만, 점차 그러한 태도가 하나의 성격으로 자리잡았다. 처음부터 인간관계를 원하지 않았던 것처럼 움츠렸다.

다른 사람을 이해하지 못하고

 스스로 밑바닥에 있다는 것을 자각하면서 때때로 그것을 즐긴다. 그것이 작가나 예술가들이 가지는 독특한 특성인지도 모른다. 어떤 때는 모든 것이 소용없다고 느껴 아무것도 하기 싫어진다. 그때 할 수 있는 간편한 처방은 잠을 자는 것이다. 낮이고, 밤이고 오로지 잠으로 도피하면 모든 것이 편해진다. 거기에 구원이 있다. 그 외의 방법으로 인간 존재가 구원을 받을 수 있는 방법은 신실한 믿음을 갖는 것이다. 그것은 종교로만 가능한 것은 아니다. 취미든, 소비든, 정치든 자신이 의탁하고자 하는 무언가가 있으면 된다.
 프랑스 철학을 즐겨 읽었다. 그것은 가라타니 고진의

영향이었다. 가라타니 고진은 일본의 철학자로, 그의 철학은 프랑스 철학의 영향을 받았다. 프랑스 철학은 인간의 본성을 탐구하며 그것을 사회적으로 연결하려고 시도한다. 프랑스 철학의 계보를 따라 읽으며, 어느 순간 세상을 이해했다고 느꼈다. 그것은 그저 남들이 읽지 않는 책을 읽으며, 호사로운 취미를 누리고 있는 까닭일지도 모르겠다. 그러니까 미쳐버린 것이다.

남들을 깔아보는 것은 스승의 영향도 있었다. 글쓰기에 있어서 스승으로 삼는 사람들이 더러 있었고, 그런 사람들의 성격은 냉철하면서도 괴팍하다는 공통점이 있었다. 글이나 지식으로 상대를 찍어 누르는 사람들을 보며 그런 사람들을 선망했다.

반면에 내 기질적 성격은 온순했다. 평화를 선호하며, 다투는 것을 좋아하지 않았기에 싸움을 피했다. 그렇지만 스승들은 그런 상황이 있을 때 직접 부딪쳐야 한다고 주장했다. 서로의 생각이 달라도 부딪쳐야 그 과정에서 새로운 생각이 나오며, 서로에게 영감을 줄 수 있다고 했다. 그러니까 모든 논쟁은 서로에 대한 존중을 바탕으로 이뤄지는 것이었다. 한때는 그 말을 섬겨 다른 사람을 헐

뜯기를 일삼았다.

  이제는 많은 사람이 글을 쓴다. 그만큼 문맹률이 낮아졌고, 텍스트는 기본 소양이 되었다. 글을 몇 번 써본 사람은 스스로 자신감에 차 있다. 보통 1년 차부터 3년 차까지 글을 쓴 사람들이 그럴 것이다. 내 경우에는 중학생 때부터 글을 써서 글을 쓴지 20년이 되어가고 있다. 그런데 대학을 졸업하고 나서도 스스로 글을 잘 쓴다고 생각한 적이 없다. 그나마 대학에서 문예창작을 전공했을 때 글쓰기에 관심 없는 학생들 사이에서 모범생으로 통했을 때 스스로 만족했을 뿐이다. 그렇지만 우물 안 개구리에 만족하기에는 세계는 넓었다. 그러니 금방 좌절할 수밖에 없었다.

  글에 대한 자신감을 가진 것은 블로그를 하면서 독학했을 어느 시점의 무렵이었다. 그때는 거침이 없었다. 글쓰기 모임에서도 문학가와 철학자의 이름을 들먹이며 상대를 평가했으니 말이다. 내 취향의 글이 아니면 전부 다 우스워 보였다. 지금 돌이키면 매우 부끄러운 일이었다. 그중에 가장 부끄러운 기억은 어느 날 블로그에서 자신의 글이 불만족스럽다고 호소하는 사람에게 조언의 댓글을 단 것이다. 조언이라고 해봤자 조악한 글쓰기 기술 몇 가지와 꾸준히 글을 쓰면 나아질 것이라는 하나 마나 한 위로였다. 그 댓글에 상대방은 불같이 화를 내었고, 화들 짝 놀라 사과했다. 이후로 그 사람과의 인연은 끝났다.

  사람이 겸손해지기 위해서는 데여 봐야 하는 것인데, 내 경우에는 오랜 기간 갇혀 있는 시간이 많았기 때문에 그것을 깨기까지 오랜 시간이 걸렸다. 어떻게 보면 유아론적인 생각에 오래 빠져 있었다. 그럼에도 다른 사람들을 받아들일 준비는 언제든 되어 있었다. 그렇지만 이상하게도 모든 사람이 전부 비껴가는 것 같았다.

인터넷 오타쿠의 세상

 나의 세계는 책과 뉴스, 온라인 커뮤니티, 블로그, 게임, 인터넷 방송이 전부였다. 그리고 그 세상이 영원하리라고 생각했다. 현실에서 사람들을 마주하며 이야기할 때 갈수록 어눌해졌다. 그 세계의 말은 현실에 옮겨질 수 없었기 때문이다. 그렇다고 해서 같은 것을 즐기는 오타쿠들을 만나는 것도 어색했다. 그들 역시 나와는 전혀 다르다는 느낌을 받았다. 어느 쪽에도 끼지 못한다고 느낄 때마다 천천히 소외되는 것이 편했다.

 동영상 어플에는 새로고침 기능이 있다. 그 기능을 사용하면 굳이 채널을 찾지 않아도 새로운 채널들을 보여준다. 원하는 게 정 나오지 않는다면, 실시간 인터넷 방송 플랫폼에 들어가서 시청자 순대로 정렬한 뒤 스크롤을 내린다. 도박꾼이 도박에 빠지는 것은 결정적인 순간에 이겼다는 쾌감을 잊지 못해서일 것이다. 그렇지만 현대의 중독자에게는 큰 기대가 없다. 그저 언젠가 새로운 것이 뜰지도 모른다는 기대로 스마트폰을 들여다볼 뿐이다.

정보에 대한 강박은 골드러시 시대의 금을 찾는 여정과 같다. 남들이 모르는 새로운 정보를 알고 있으면 내가 그들보다 우위에 서 있다는 느낌을 받는다. 실상 그런 정보를 안다고 해서 나에게 당장의 이득이 생기는 것이 아님에도 말이다. 단지 뉴스에 나올 소식을 미리 알게 되었다는 것밖에 없다. 그런 식으로 시작하게 된 '트렌드 조사'는 점차 자극적인 뉴스를 찾는 데에 기울어졌다. 이미 일어난 사건에는 관심이 식고, 언제나 새로운 사건이 일어나기를 기다린다.

사건의 중대성은 중요하지 않다. 그저 논란이 되느냐 아니냐가 더 중요하다. 그런 사건을 발견하고 나면 곧장 블로그에 올릴 초고를 준비한다. 주장은 사안이 달라도 한결같았다. 어차피 다른 사안이더라도 같은 관점으로

썼기 때문이다. 그렇게 한바탕 글을 쓰고 나면 시간은 잘 갔다. 나르시스가 강을 보는 것처럼 스스로에게 몰입하기에는 글쓰기만큼 좋은 게 없다. 그렇게 글을 쓰면 피곤하지도 않았다. 그저 사람들의 적당한 반응이면 충분했고, 그 반응을 느끼고 나면 다시 새로운 글감을 찾으러 다녔다.

알고리즘은 시대가 지나면서 발전했다. '시대가 지나면서', '발전했다'라는 것에 어떤 부정성을 발견하기는 어렵다. 그렇지만 실제로 긍정적인지는 알 수 없다. 알고리즘이 발전할수록 자신이 접근하고자 하는 정보에 더 가까워지기가 쉬워졌다. 그러나 때로는 그 알고리즘에 갇힌다. 한때 어느 X 유저가 자신이 이용하는 플랫폼의 반응만 보고 지지하는 당이 선거에서 득세할 줄 알았는데, 사실은 아니었다고 한 말은 유명하다.

텍스트 기반의 슬롯머신은 사진과 영상으로 점차 옮겨졌다. 사람들은 숏폼을 사용하는 데에 능숙하다. 오히려 나는 그렇게 사용하는 사람들의 모습이 낯설다. 왜냐하면 그것이 고립의 시절에 주로 즐겼던 취미이기 때문이다. 그렇게 말하면 아즈마 히로키가 말하는 동물화하는 사회에 진입한 것이 아닌가 싶다. 노골적이고, 자극적인 재미를 추구하는 세상이다.

숏폼의 혁신은 세로 영상이 나올 때부터였다. 스마트폰이 나온 이후 편의성이 확연히 달라졌다. 바뀐 핸드폰의 모양은 마치 슬롯머신 기기의 모양과 닮아있다. 긴 영상을 보기 위해서는 가로로 봐야 했지만, 화면을 전환하는 시간도 줄이고자 영상이 아예 세로로 나오기 시작했다. 카지노에서는 도박꾼이 자신이 시간을 얼마나 쓴지 모르게 하기 위해 건물 디자인을 정교하게 기획한다.

나는 느린 영상이 좋았다. 외롭다고 느낄 때 할 수 있는 것은 인터넷 방송을 켜서 방송을 보는 것이었다. 대부분의 토크 방송은 흥미가 없었다. 그들이 겪고, 누리는 삶은 나와 너무나도 날랐다. 대신에 게임을 하는 방송을 즐겨 봤다. 게임 속 세계는 무림, 중세 유럽, 우주 등 전혀 다른 세계를 보여준다. 그 세계가 나에게 말을 건네는 듯했다. 게임에 몰입하는 크리에이터의 방송을 보면서 백일몽 같은 시간을 보냈다.

만약 가상 현실 게임이 구현된다면 아마도 그러한 세상일 것이다. 복잡한 세계의 규칙은 이해할 필요가 없다.

잘 설계된 시스템은 그저 세계를 탐험하면 세계의 주인공으로 만들어준다. 그 안에서 나는 주어진 선택지를 즐기면 된다. 나의 선택에 따라 세계가 바뀌지만, 세계는 이미 유저 수만큼 복제되어 있으며, 그 안에서 나는 이미 알고리즘에 의해 예측된 한 사람일 것이다. 엔딩은 정해져 있다.

일일 조회수 100의 세계

 유튜브 구독자나 SNS 팔로우 수를 보면 그 사람의 인기도를 알 수 있다. 블로그에도 이웃이라는 팔로우가 있다. 그렇지만 그것은 인위적으로 늘릴 수 있어서 조회수가 중요하다. 블로그 게시글의 조회수는 자신만 볼 수 있다. 대신 그날 블로그에 방문한 모든 조회수는 '오늘'이라는 이름으로 공개된다. 내 블로그의 경우 사람들의 유입이 적은 대신 이웃 방문이 많아서 최근에 올린 글이 오늘의 조회수가 되고는 했다.
 처음에는 유명해지고 싶다는 생각으로 블로그를 시작했으나 그러기가 어려웠다. 네이버 블로그는 몇 차례 검색 알고리즘을 개선하며 검색을 통해 사용자가 원하는 정보에 접근할 수 있도록 개선했다. 그렇지만 결과적으로 여행이나 맛집, 패션·미용, 전자제품 리뷰 등 사람들이 선호하는 주제에서 강세를 보였다. 다시 말해 유명해지려면 그만큼 돈을 써야 하고, 그렇게 얻은 유명세로 돈을 벌어들일 수 있는 곳이었다. 많은 사람이 그런 생각으로 소비자를 위한 천국에 뛰어들었다.

 미니멀리즘이라는 단어가 유행하기 전부터 방 안에는 아무것도 없이 먼지만 가득했다. 해외는커녕 국내 여행도 다니지 않았다. 그러니 할 수 있는 것은 책을 읽고 올리는 것뿐이었다. 거기서 이상하게도 읽은 모든 책을 리뷰하겠다는 원칙을 세웠다. 블로그에는 책을 읽는 사람이 많지 않기 때문에 글을 최대한 많이 써서 독서가들을 끌어들이겠다는 계산도 있었다. 그러한 영향으로 책을 읽는 몇몇 독자가 들어왔지만, 금방 떠나가기도 했다.

 독서 취향은 장르를 가리지 않았다. 과학 서적은 자연스럽게 멀어졌지만, 문학은 국적을 가리지 않고 읽었다. 그렇지만 대부분 해외 고전을 선호했다. 같은 국경 안에서 동시대를 살아가는 작가에게는 큰 영감을 얻지 못했다. 그래도 트랜드를 놓치지 않기 위한 방편으로 당대에 유행하는 에세이를 읽고는 했다. 그들이 말하는 이야기는 내가 겪지 못한 흥미로운 세계의 이야기였기에 즐겨 읽었지만, 돌이키면 그렇게 기억에 남는 것은 많지 않다.

관심사는 자연스럽게 철학과 사회학에 기울어졌다. 둘을 통합하는 단어로 정치철학이 있다. 기존의 철학은 역사에서 활약했던 철학자들의 계보를 외우며 그들이 주장했던 내용을 연구하는 학문이 되었다. 그만큼 철학의 역사가 길기도 하고, 그것들을 소화하기에도 벅차다. 그렇지만 철학의 목적 자체가 인간의 삶과 세계를 이해하는 데 있다고 생각한다. 철학의 언어가 아무리 깊은 통찰력을 갖고 있다고 해도, 당장 현실에 적용하지 못하면 쓸모없다고 생각한다.

그래서 자연스럽게 정치철학에 손이 갔다. 정치라고 하면 청와대와 국회 사이의 갈등이나 정당 사이의 갈등을 생각하지만, 삶의 현안에 관해서 이야기하는 것이라고 생각했다. 흔히 말하는 선별적 복지와 보편적 복지에 대한 판단, 그리고 그 안에 있는 구체적인 사안에 관한 판단 역시도 마찬가지다. 나에게는 그것을 판단하는 데에 있어 프랑스 철학이 유용했다. 프랑스 혁명 이후 지식인이라고 불리는 사람들이 속속들이 등장했고, 사르트르와 같은 문학가도 실천가로 활동하기도 했다.

    그들의 생각을 좇아 철학을 공부했지만 결론적으로 내가 원했던 것은 일상에서 철학을 하는 것이다. 나는 그게 가능한 일이라고 여겼다. 나에게는 시간이 많았고, 책을 탐독하며 읽은 것들을 정리해서 블로그에 올리면 사람들이 알아주지 않을까 생각했다. 항상 어려운 글만 올리면 사람들이 찾아오지 않을 것이라 생각해서 글의 난이도를 적절히 배분하며 블로그에 올리고는 했다. 일상적인 내용과 전문적인 내용을 분리해서 올렸다. 그런 방향으로 가기 시작하면서 유명해지리라는 생각은 접어두었다.

    나는 전문 연구자도 아니었고, 아마추어로서 글을 올린 것에 불과했다. 글의 내용도 엄밀한 편도 아니어서 검증해 보면 사실과 다른 내용도 많았다. 사람들은 일상적인 글에 큰 호응을 보였지만 그것이 아닌 글에는 반응이 없었다. 좋아요를 눌러주는 사람도 대부분 형식적으로 남기는 것이었다. 그럼에도 그렇게 활동할 수 있었던 것은 진심으로 글을 읽고 반응해 주는 사람도 있었기 때문이다.

그렇지만 그런 시간이 반복될수록 열정을 바쳐 쓰는 글에 대한 반응이 점점 줄었다. 그것이 관심 분야에 공감하기 어려운 사람들이 많아진 것인지, 나에 대한 기대가 줄어든 것인지는 알 수 없었다. 사람들의 반응은 여전히 들쑥날쑥했으므로 그 사이에서 방황할 수밖에 없었다. 계정을 나누어 운영했다면 오히려 정체성이 명확해졌을지도 모른다. 그때는 부계정이라는 개념도 희박했고, 그런 문제에 대해 상의할 사람도 없었으므로 그렇게 할 생각도 하지 못했다.

실시간으로 조회수를 보는 것은 나를 시험대에 올리는 것이다. 그렇게 하면 점점 자극적인 내용을 추구하고, 다수의 사람이 선호하는 내용을 소재로 쓰게 된다. 그런데 나에게는 그게 별로 문제가 되지 않았다. 글을 쓰는 이유에는 돈벌이가 포함되어 있지만, 그 자체가 목적이 아니었기 때문이다. 오히려 글을 쓰다 보면 자연스레 돈이 따라올 것이라 막연히 생각했다.

그럼에도 이따금 조회수를 확인하며 사람들의 반응을 보면서 적어도 아무도 읽지 않는 글은 쓰지 않겠다고 나름의 경계를 세웠다. 결과적으로 고립에서 빠져나온 뒤 철학에 관해 이야기를 하는 경우는 점점 줄어들었다. 물론 그때의 독서 경험은 본질적으로 내 삶의 근원이 되었다. 이제는 깊이 독서를 했던 시간만큼, 다른 사람과 소통하는 시간도 필요하다고 여긴다.

어느 개인적인 우정

 연애를 안 하는 사람은 다른 사람의 연애 이야기를 통해 대리 설렘을 느낀다. 그런데 어떤 경우에는 그런 설렘마저도 포기하기도 한다. 대신 일방적 사랑으로 관심 대상을 바꾸기도 한다. 아이돌이나 연예인을 대상으로 하거나, 요즘은 인플루언서로 확장됐다. 그것이 아니라면 가상의 애니메이션이나 게임 캐릭터로 범주를 확장하기도 한다.

 이런 사랑에는 무엇보다 당장 큰 비용이 들지 않는다. 사랑에 딸리는 의무를 지켜야 하는 수고로움을 덜 수 있다. 그러니 그 대상을 미워할 일이 적다. 대부분의 관계는 주는 만큼 기대하며, 때로는 상대의 행동으로 하루종일

기분이 상하기도 하니 말이다. 그러니 적당한 거리감으로 상대를 우상화한다. 아이돌의 어원이 우상이라는 말은 이미 유명하다.

  이에 관해서는 이미 아이돌을 연구한 사람들에게서 많이 나온 이야기일 것이다. 그리고 그런 대상을 떠올리면 연예인을 떠올리기가 쉽다. 그러나 그것이 연예계에서만 일어나는 것은 아니다. 시청자가 적은 인터넷 방송을 돌아다니며 방송인을 꼬드겨서 친구로 지낸다는 이야기가 루머처럼 떠돌아다닌다. 방송이 작을수록 그런 방송은 사적인 영역으로 나아간다. 같은 방송인끼리도 친목을 다지고, 시청자와도 실제 인연으로 이어지기도 한다.

  그것은 SNS에서 인연을 만드는 것과 크게 다르지 않다. 플랫폼은 사용자에게 유명해지라고 압박한다. 그래서 SNS를 하는 누구나 자신이 유명해질 수 있다고 생각하고, 그런 가능성을 열어둔다. 그렇지만 정작 관계가 맺어지는 사람들은 같은 플랫폼을 이용하는 현실 지인 뿐이다. 관심사가 겹치지 않는 이상 팔로우가 늘어나는 경우는 드물다. 그러다 관심사가 겹치면 현실이라면 결코 만날 수 없었던 낯선 사람과 연결되기 시작한다.

80년대생을 중심으로 인터뷰한 《IMF 키즈의 생애》의 저자 역시 인터뷰이를 구할 때 SNS를 이용한 바 있다고 고백했다. 인터뷰 전에 SNS로 소통한 적은 있었지만, 직접 만난 것은 인터뷰 때가 처음이었다. 나 역시 고립에서 빠져나온 이후 인터뷰집을 쓰면서 신청자를 받을 때 블로그를 통해서 받기도 했다. 다양한 모임을 블로그를 통해서 참여하기도 했고, 그곳에서 새로운 인연을 만나기도 했다.

　서로가 좋아요를 누르는 것은 단순 성의 표시일 수는 있다. 그렇지만 그것으로 서로의 존재를 인식하고, 받아들인다는 암묵적인 신호이기도 하다. 그것이 당장 댓글로 이어지지 않는다 하더라도 어떤 계기만 있다면 급속도로 친해질 수 있는 가능성이 있다. 왜냐하면 그것이 6개월 이상 안부를 묻지 않는 먼 친구들보다는 낫기 때문이다.

　블로그에서 활동하면서 막연히 사람들을 동경하면서 지냈다. 그 안에는 글을 잘 쓰는 사람도 있었고, 외모가 출중한 사람도 있었다. 아니면 흉내 낼 수 없는 일상을 살아가는 사람들도 있었다. 그런데 그런 사람들이 나에게 좋아요로 화답한다면 나 역시 그들과 동등한 자격을 얻은 듯한 기쁨을 느꼈다. 인간 동기의 원리는 다른 사람의 인정이 확실했다.

나는 그 응답을 기다렸다. 그들이 매번 응답을 보내는 것은 아니었다. 그리고 개인의 사정에 따라 바빠지거나, 아니면 갑자기 마음에 들지 않아서 떠나는 경우도 많았다. 그리고 나 역시 새로운 대상을 찾아 목록을 늘려나가고는 했다. 나는 사람들의 글과 사진을 탐독하며, 그들의 삶을 추측하고는 했다. 그렇지만 그런 행동이 너무 노골적이라고 생각해서 잊었다. 그래야지 적당한 거리를 유지할 수 있었다.

돌이키면 그 사람들도 자기 일상을 살아가는 평범한 사람에 불과했다. 내가 그들을 동경의 대상으로 보는 것처럼, 때때로 누군가는 나를 동경의 대상으로 삼았을지도 모른다. 그렇게 생각하면 다른 사람이 나를 대했던 것처럼 나 역시 적당한 말로 대꾸하면 그만이었다. 그 사람들이 현실에서 어떻게 살고 있는지는 모르겠지만, 어떤 우정을 나눈 것임은 분명하다.

우정의 종착지는 어디일까? 때때로 댓글로 다투고 인

연을 끊은 적도 있으며, 어느 날 갑자기 소식이 끊겼는데 다른 이웃의 블로그에서 그를 발견하는 경우도 있었다. 처음에는 의아스럽다가, 분노하고, 미워하다가 결국에는 받아들이게 된다. 결국 그 사람도 나의 어떤 점이 미워서 멀리했다면 그럭저럭 받아들일 만했다. 어쨌거나 오프라인보다는 타격이 적다는 온라인 아닌가?

그렇지만 결정적으로 인연의 끝을 본 순간이 있다. 블로그를 통해 두 명의 죽음을 목격했다. 한 명은 나의 스승이었고, 그분의 이야기는 이미 한 적 있다. 그러나 다른 한 명은 잘 언급하지 않았다. 그 사람은 작가지망생이었고, 이미 유명한 사람이어서 꾸준히 활동했다면 유명 작가가 되지 않았을까 싶다. 어쩌다 인연을 맺어서 그가 댓글을 달고 나는 응답하는 식으로 교류했다. 그가 열심히 활동하며 잘 나가는 모습을 보면 부러움과 질투가 있었지만, 그를 응원하는 마음이 먼저였다. 그러나 그는 우울증에 시달리고 있었고, 어느 날 죽음을 암시하는 글을 올렸다. 그 다음 날 그가 세상을 떠났다는 소식이 올라왔다.

개인이 죽음을 선택한 이유에는 심원한 이유가 있기 때문에 그 이유를 명백히 밝힐 수 없다고 생각한다. 그리고 각자가 할 수 있는 도움이 있지만 그것에도 한계가 있다고 생각한다. 그 점에서 내가 그의 죽음을 막기 위해 할 수 있는 것은 거의 없었을 것이다. 만일 그와 더 친했다면 그의 삶에는 좀 더 좋은 기억으로 남아 있을 수도 있었을 것이다. 그렇지만 내 삶을 살기에도 벅찼고, 어느 정도 무심한 면도 있었다.

그 후에도 기존의 인연이 떠나가고, 새로운 인연이 찾아오는 일이 반복됐다. 그런 것을 모두 적당히 흘려보낼 수 있었다. 그렇지만 그 사람에 대한 기억은 쉽게 흘려보내지 못했다. 아무리 생각해 봐도 내가 그를 도울 수 있는 방법은 없었다. 그가 죽기 전날에 올린 글의 메시지도 다른 사람을 향한 것이었다. 그렇게 아무것도 아니었던 관계라고 생각하면 그것대로 마음이 아프다. 때때로 인연은 그렇게 허무하게 져버린다.

실패한 인연의 나날

인간관계에서 온라인과 오프라인을 따로 구분하지 않는다. 오히려 내가 현실적으로 만날 수 있는 사람은 온라인에서 알게 된 사람일 가능성이 높았다. 블로그에서 여러 개의 모임에 활동하거나, 지속적으로 인연을 맺기도 했다. 그렇지만 많은 인연이 그렇듯이 생기고 사라지기를 반복했다.

오프라인은 오프라인만의 기대가 있다. 적어도 온라인의 상대를 만난다는 것은 꽤 호의적인 상태에서 상대를 만난다는 것이기도 하다. 그렇지만 온라인에서 오프라인으로 이어질 때의 가장 큰 장벽은 거리다. 수도권 외의 지역에 사는 사람을 만나기 위해 나갔던 기억은 드물다. 여러 지역을 다니지 않았기에 생긴 부담감도 있었지만, 반대로 사는 곳을 알고 상대가 실망하는 경우도 많았다. 서로 거리가 멀다는 것을 확인하고는 계속 대화를 이어갔지만 만나자는 기약은 하지 않았다.

서울과 경기도에 있는 경우에는 그럭저럭 만날 만했다. 한때는 친구를 만나러 경기 남부와 북부를 오가기도 했다. 인터넷에 빠져 있는 백수가 마음먹고 시간을 내는 것에는 별다른 문제가 되지 않았다. 그 후에 걸리는 문제는 결국 낯선 사람을 만난다는 것이다. 온라인으로 대화를 나눴고, 서로의 사진을 게시물로 봤다고 하더라도 직접 실물을 마주하는 것은 두려운 일이었다. 더군다나 서로의 사진을 확인하지 못했다면 더 난감한 것이었다. 그럴수록 약속 장소를 구체적으로 정해야 하고, 만나기 직전에는 인상착의를 말해야 하는 상황이 벌어진다. 그리고 누군가가 나에게 "승현님?" 하고 불러주기를 바랄 수밖에 없다.

어쨌거나 그런 고민은 별일 없이 넘어갔다. 더 큰 문제는 막상 만나서의 대화다. 모임에서 사람을 만나는 경우 별문제가 없었다. 그들 중 이야기하기를 좋아하는 일부가 떠들고, 나는 침묵하면 그만이었다. 그렇지만 일대일로 만나면 대화를 이어가기가 정말이지 힘들었다. 내심 기대를 하고 나왔지만 대부분의 만남은 흐지부지 끝났다. 온라인에서의 소통만큼 재미가 없기 때문일 것이다. 나는 장벽이 강했고, 다른 사람도 그것을 깨뜨리려고 다가오는 사람은 없었다.

사람들은 느슨하게 인연이 이어지는 경우도 더러 있는 듯했다. 나는 그에 대한 효능감을 못 느끼면서 점점 만남을 줄여나갔다. 나 역시 인연을 이어갈 기회는 분명 있었다. 그러나 어떻게 보면 서로에게 부차적인 인연이었다. 당시의 나는 인간관계를 소화할 만큼 준비가 되어 있지 않았고, 또 그런 상태에서 우선순위에 두어야 할 사람들이 있었다. 그러다 마음의 준비가 되었을 때는 이미 먼 시간이 흘러버렸다.

나 역시 겁쟁이였고, 인연을 맺기가 불가능하다고 생각한다면 느슨한 우정은 가능하지 않을까 생각했다. 내 생각은 착오였다. 기존의 우정도 관리하지 못하면서 새로운 우정을 구축하는 것은 가당한 것이 아니었다. 그렇기에 대부분의 인연은 몇 번 만나고 마는 것으로 끝났다.

돌이키면 나는 미숙했고, 어리석었으며, 자신감도 없었다. 상대가 이야기하지 않더라도 관계의 문맥을 먼저 정립하고자 했고, 그것이 더 큰 장벽이 되었다. 어쩌면 상대가 조심스럽게 밀어내는 것에 빨리 눈치를 챘는지도 모른다. 그렇다면 눈치가 빠른 게 차라리 나았다.

블로그에서 알게 된 사람 중에 꾸준히 이어지는 관계가 있다. 그와는 어쩌다 블로그에서 알게 된 후로 같은 독서모임을 다니고, 거리도 가까운 편이라서 정기적으로 만나기도 했다. 그는 대부분 직장 생활을 하느라 사람을 만날 여유가 없었다. 타지살이를 하면서 사람들을 만나는 경우가 드물었다. 나이가 들수록 더 그랬다. 더욱이 우리는 공통적으로 사람을 만나는 일에 소극적이었다. 아무래도 생각의 폭이 깊은 대신 좁기 때문인지도 모른다. 어쩌면 그와의 인연이 블로그를 통해서 만난 인연 중 거의 유일하게 이어진 인연이다.

어떤 순간이 반복되면 그때부터는 기대하지 않기 마련이다. 내 경우에도 블로그에서 지나가는 인연이 있는 경우 크게 연연하지 않기로 했다. 지금도 인사를 건네는 사람이 종종 있고, 그 마음이 고맙기도 하지만 다가가지는 않는다. 많은 인연을 쉽게 저버린다고 해서 새로운 인연마저 가능성이 닫힌 것이 아니다. 그저 현재의 인연을 소화하기에도 벅찰 뿐이다.

어떤 동경의 이별

 어둡고 좁은 방 안에서 지내다 보면 시간이 어떻게 흘러가는지 알 수 없다. 시간을 알려주는 것은 그저 창밖의 빛뿐이다. 그 빛마저도 보기 싫어 블라인드를 치고는 했다. 아무도 만나지 않으면 그만큼 세상이 좁아진다. 그렇게 되면 과거에 집착하게 되고, 새로운 사람과의 만남을 기대하기보다는 그저 인터넷에 떠돌아다니는 연예 기사를 읽는 것만으로도 충분하다.
 지금은 활동하지 않지만 엽기적인 게임 전략으로 사람들에게 웃음을 준 인터넷 방송인이 있었다. 그는 워낙 유명해서 당시 인터넷 게임 방송을 보는 사람 중에서 그를 보는 게 특별한 일은 아니었다. 그래도 그에게 각별한 기억이 있는 이유는 매번 방송이 시작할 때부터 끝날 때까지 자리를 지키며 봤던 방송이기 때문이다. 본 방송이 끝나고 나면 그는 시청자와 함께 자신의 방송을 피드백하는 시간을 가졌다. 그 시간에는 잘못된 점을 짚어주면서 이야기를 나누고는 했지만, 대부분 서로 친구처럼 소통했다. 거기서도 채팅을 치는 것이 두려워 한마디도 못 했지만, 그때의 분위기가 정겹게 느껴졌다.

나는 정해둔 몇 개의 방송을 보는 것을 좋아했다. 그리고 그 순간이 꽤 오래갈 줄 알았다. 왜냐하면 오랜 짝사랑처럼, 한 사람에게 마음을 주면 그 마음이 오래갈 것이라 생각했기 때문이다. 그렇지만 유행처럼 방송도 변해갔고, 시청 목록도 바뀌어 갔다.

넟넟 사람은 방송인이 시청자와 너무 가까워지지 말라고 주장한다. 초반에는 성장하기 위해서라도 팬을 확보하는 것이 중요하지만, 그게 지나치면 나중에는 발목을 잡힐 수도 있다는 것이다. 실제로 인플루언서로 유명해지는 시기가 오면 기존 시청자를 우선하느냐, 대중에게도 확장성을 넓힐 것이냐 하는 분기점이 온다. 그럴 때 어떤 방송인은 팬들을 선택하면서 자신의 방송 방향을 정해서 그대로 고착화되거나, 아니면 너무 확고하게 대중을 따라서 기존 팬들의 미움을 사기도 했다. 영리한 사람만이 기존 팬들의 팬심을 인정하면서 천천히 확장하는 길을 택했다.

인터넷 방송의 역사가 길어지면서 팬에게 잘해주더라도, 너무 거기에 얽매이지 말라는 것이 하나의 원칙으로 자리 잡혔다. 그렇지만 방송인의 입장에서도 외로울 수밖에 없을 것이다. 수백 명의 시청자 앞에서 떠들다가 방송이 끝나고 나면 허무감을 느낀다는 그들의 이야기를 듣는다.

반대로 나에게는 그들이 내 일상을 채워주는 유일한 세계였다. 내 경우에도 팬심으로 애정 있게 지켜보던 몇몇 인플루언서가 있었다. 그렇지만 그렇게 몰입했던 때를 돌이키면 내가 가장 심적으로 힘들었던 시기와도 맞물린다. 이를테면 인터넷 방송에 별풍선을 쏘는 이유를 알게 되었다. 힘든 시기를 같이 하거나 하루의 일상을 마치고 여가 시간을 재밌게 해주는 사람에게 보내는 친구비였다.

동경은 동경으로 끝나는 게 좋다. 나 역시도 회신을 바라면서 재밌게 보던 방송인에게 이메일을 보낸 적이 있다. 그때는 답장을 기대하지 않겠다고 했지만, 마음속으로는 답장이 오기를 바라기도 했다. 그때는 어떤 논란으로 당사자가 힘들었을 때고, 그에게 어쭙잖은 위로를 했다. 내가 받은 답변은 '읽음' 표시였다. 그것으로 부족하다고 느꼈으나 그의 입장에서는 이미 많은 메일을 받았을 것이기 때문에 어쩔 수 없다고 여겼다.

그것은 나에게 부끄러운 기억으로 남아 있기도 하다. 나 역시 어디서도 위안을 받지 못하는 상태에서 누군가를 위로한다는 게 우스꽝스러운 일이었다. 그에게 나는 그저 자신을 위로하는 시청자 중의 한 사람이었을 뿐이다. 그 사실을 깨달은 이후 애써 방송인에게 집착하는 일은 사라졌다. 아무것도 모르는 시절에는 상대방에게 많은 기대를 투사하기 마련이다. 그 기대가 꺾이는 것도 자연스러운 과정이었다.

그래도 팬심으로 가득하여 그 사람을 동경하면서도 적당한 선을 지키려고 노력하는 팬들의 마음이 이해가 간다. 그들도 일상을 유지하기 동력으로 그런 취미를 보내고 있다면 좋은 일이다. 그렇지만 정말로 애착의 대상과

거리를 분리하는 게 가능한가 하는 의심이 있다. 어린 시절에는 그게 가능하다고 믿었지만, 점차 그 기간이 길어질수록 마음속의 허무감이 커졌다.

나는 늘 정신적 지주를 두고는 했다. 그런 사람을 본받고 섬기면서 좋은 점을 배우고자 했다. 그렇지만 어느 순간 그런 행동을 멈췄다. 성장할 때는 그런 대상을 섬길 필요가 있었지만, 어느 순간에는 응답을 바라거나 기대할 수가 없다. 그래서 누군가를 마음속에 동경하는 일을 접었다.

어두웠던 방 안에 다시 햇살이 비추고, 방문을 열고 나가게 되면서 나는 나로서 만족하는 사람이 되고자 노력했다. 그 시절에 보았던 사람들로 인해 위로를 받은 것은 분명하다. 그렇기에 나아가야 한다. 때때로 유튜브 알고리즘에 그들이 나오면 반갑기도 하고, 마음속으로 응원한다. 그들은 알지 못할 어떤 동경의 이별이다.

늦게 피어나는 잎

사람을 만나는 건 꽤 도움이 된다

 일요일 늦은 저녁, 수원 인계동에 있는 프랜차이즈 카페에 도착했다. 지도 앱을 보고 온 위치는 카페 뒷문이 있는 주차장이었다. 늦은 시간임에도 주차장에는 많은 차가 주차되어 있었다. 조명이 비치는 빨간 벽돌과 차의 어두운 그림자의 대비에 어쩐지 위압감이 느껴졌다. 발걸음을 멈추고 장소가 맞는지 다시 한번 확인했다. 혹시라도 장소를 잘못 찾아왔을 수도 있고, 들어가서 어떤 음료를 주문할지도 미리 생각해야 했다. 무엇보다 카페에 들어갈 용기가 나지 않았다.

 당시 나는 2년 동안 은둔 생활을 하면서 사람을 만나지 않았다. 은둔 초기에는 다니던 회사를 관두고 작가가 되고자 독학하면서 글을 쓰면서 시간을 보냈다. 그때는 목표가 있기 때문에 어떻게든 될 거라 생각했다. 시간이 지나면서 지출을 줄이기 위해 누구하고도 만나지 않았다. 사람을 만나지 않는 것이 편했고, 크게 불편한 점은 없었다. 그렇지만 가끔 알 수 없는 감정이 몰려왔고, 그것을 억누르기 위해 인터넷 방송을 보면서 시간을 보냈다.

학창 시절에는 친구들과 그럭저럭 어울리기는 했지만, 내향적인 성격이라 깊이 어울리는 법이 없었다. 그때는 시골에서도 외진 곳에서 살았기 때문에 친구들과 어울리는 것보다 혼자 노는 것을 택했다. 그럴 때는 대부분 집에서 책을 읽는 데에 시간을 보냈다. 그러다 보니 대학에 가서도, 사회에 나가서도 사람들과 어울리기가 어려웠다. 그렇게 만나는 인연들을 대부분 흘려보냈다.

그러다 용기를 낸 것은 블로그에서 독서모임을 연다는 소식을 본 후였다. 가까운 지역에서 모임이 열린다는 소식에 흥미가 생겼다. 혼자 책을 읽는 것에 한계를 느끼고 있었고, 모임에 나가서 사람들을 만난다면 더 배울 수 있지 않을까 생각했다. 그때는 독서모임이 친목적인 성격이 강하다는 것을 알지 못했다. 어떤 형태라도 친목은 있을 것이었다. 그 점이 두려웠지만 그래도 좋아하는 취미를 중심으로 모인다고 하니 모임에 대한 두려움이 적었다.

독서 토론만을 위해 나왔다는 것은 핑계에 불과했을지 모른다. 돌이키면 많이 외로웠다. 그렇지만 한동안 사람을 만나지 않은 상태에서 용기를 내기 위해서는 그런 핑계가 필요했다. 주차장에서 고민하는 동안 출입구는 더 멀게 느껴졌다. 괜히 두려운 상황을 마주할 바에는 도망치자는 생각도 들었다. 실제로 그런 적도 많았다. 그래도 용기를 내어 들어갔다. 용기를 냈다고 해서 사람들이 무조건 환영한 것은 아니었다. 사람들과 어울리기 어려워했기에, 다시 어울리는 데에도 그만큼의 시간이 필요했다.

모임에서 활동하면서 어색하게 활동하는 경우가 많았다. 내가 있는 자리에서 대화가 끊기면 초조해져서 아무 말을 내뱉기도 했고, 상대방을 고려하지 못하고 말실수를 하기도 했다. 무엇보다 대부분 직장인이었기 때문에 이질감을 느끼기도 했다. 모임에 참여하는 동안 오랜 시간 겉돌았다. 그렇기에 모임이 끝나고 집에 돌아오는 길에는 많은 생각이 들고는 했다. 관둘까 싶다가도 다른 사람과 연결될 수 있는 곳이 이곳뿐이라는 생각에 조금 더 용기를 내기로 했다.

독서모임은 특이한 시스템을 갖고 있었다. 어플을 통해서 100명 이상이 가입한 모임 안에서, 운영진을 제외한 사람들이 주마다 선착순으로 참여할 수 있었다. 사람들은 대개 일정에 따라 참여를 망설이거나, 아니면 어떤 사람이 오는지에 따라 참여 여부를 정했다. 더군다나 모임에 올 때마다 책 한 권을 읽고 소개해야 했는데 그것이 부담이기도 했다. 내 경우에는 그것은 그리 어려운 일이 아니었다. 그래서 시간이 될 때마다 모임에 나왔다.

모임에서는 자신이 읽은 책의 감상을 공유하고, 끝나면 뒤풀이를 가는 정도였다. 발표할 때는 자신 있게 말하던 나는 식사 자리에 가서는 거의 뻐끔거렸다. 언젠가는 이런 일도 있었다. 모임에 처음 온 남성 두 명이 있었다. 그들은 아예 모임의 분위기를 보기 위해 참여했다고 선언했다. 그래서 식사 자리까지 왔으나 불운하게도 내가 있는 자리에 앉았다. 나는 어떻게든 분위기를 끌어올려야 한다는 생각에 좋아하는 책이 무엇인지 물어보고, 프로이트와 니체를 이야기하며 둘의 상관성에 대해 떠들었다. 그럭저럭 이야기를 들어주는 것을 보고 이야기가 괜찮은가 싶었다.

그런데 식사 자리가 끝나갈 때쯤 그들은 갑자기 불만을 터뜨렸다. 이곳은 자기 나이도 안 밝히고 끊임없이 책 이야기만 하는 곳이냐며 말이다. 아마 그들은 가벼운 대화를 하며 사람들과 친해지기 위해 온 것이었지만, 내가 그들의 보조를 맞춰주지 못했던 모양이다. 그 말을 듣자 나는 당황했다. 모임이 지속되면서 개인 신상을 안 밝히는 것이 불문율이 되어서 그렇다 쳐도, 뒤풀이까지 와서 책 이야기만 하는 것은 나뿐이었기 때문이다. 운영진이 나서서 중재를 해줬기에 망정이지, 그때는 당황해서 제대로 반박하지 못했다.

그렇게 모임은 느슨한 형태로 운영되었기 때문에 사회에 나올 온전한 계기가 된 것은 아니었다. 그래도 오랜 기간 모임을 다니면서 보니 그 안에 있는 사람들도 다른 사람과 어울리지 못할까 두려워 하는 것은 마찬가지였다. 그렇기에 꾸준히 모임에 나오면서 자주 나오는 사람과 안면을 텄다. 사석에서 만나는 것이 아니어서 친해지는 데에는 정말 오랜 시간이 걸렸다. 그렇지만 다양한 사람을 만나고, 모임에서 꾸준히 토론한 것은 사회에 나가서도 도움이 되었다. 아마도 곧장 사회에 나왔다면 적응하는 데에 오랜 시간이 걸렸을 것이다.

  고립에서 빠져나오기 위해서는 정서적 지지가 중요하다는 사실을 고립에서 빠져나온 뒤에 알았다. 그렇지만 고립 중인 경우 그런 인연을 만나기가 쉽지 않다. 그러면 결국 스스로 문을 열고 나오는 것이 필요하다. 힘들더라도 다른 사람 사이에서 어울리는 경험이 필요하다. 그것이 느리게라도 사회에 적응할 수 있는 방법이다. 그래서 모임에 나가는 것을 적극 권하는 편이다. 내 경우에는 정말이지 다른 것에 흥미가 없어서 책이 아니면 사회와 연결될 필요를 못 느꼈다. 그래도 처음 발을 들였던 독서모임의 경우 운영진이 너그러운 사람들이었기 때문에 오래 활동하는 것이 가능했다. 모두가 한 번에 그런 모임을 만날 수 있는 것은 아니다. 그렇기에 운이 좋은 편이었다고 생각한다.

단 한 명의 사람

 독서모임에서 활동했지만 그대로 멈춰 있는 것은 여전했다. 그래도 사람들과 친해지고 있을 무렵 코로나가 시작됐다. 코로나로 인해 독서모임이 중단되었고, 그 이후로 완전히 운영이 종료되었다. 자연스럽게 사람들을 안 만나게 되었고, 이렇게 지내는 것이 당연한 일이라 생각했다. 혼자 시간을 보내는 것은 익숙한 일이라 생각했다. 그렇지만 외로움이 찾아왔다. 생각보다 사회와의 연결로 버티고 있음을 깨달았다.

 그즈음에 내가 사는 지역으로 눈을 돌렸다. 지역 서점에서 운영하는 독서 모임에 참여하고, 새로 생긴 청년센터에서 활동하기도 했다. 어쩌다 알게 된 인연으로 청년

활동을 하기도 했다. 그렇지만 결과적으로 끝이 좋지 않았다. 대개 관계가 미적지근했고, 기대한 만큼은 아니었다. 어쩌다 사람들과 대화를 나누어도 결핍감이 채워지지 않았다.

그러다가 지역 청년센터에서 니트컴퍼니 프로그램을 시작한다는 소식을 들었다. 니트컴퍼니는 일하지 않거나 쉬는 청년이 가상 회사에 입사했다는 설정으로 진행되는 프로그램이다. 사람들은 각자의 업무를 스스로 정해 자신이 한 것을 매일 인증한다. 그리고 매주 오프라인에서 사람들을 만나 교류한다. 프로그램의 소식을 듣고 참여를 망설였다. 이전처럼 사람들을 만나도 상황이 나아지지 않고 반복될 것이라고 생각했다. 그래도 용기를 내어 참여했다.

낯을 가리는 성격이라 사람들과 잘 어울리지는 못했다. 여성이 압도적으로 높은 성비로 인해 무언가 적극적으로 나서기가 더 망설여졌다. 사람들은 처음 본 사이인데도 불구하고 서로를 친근하게 대했다. 대부분 무업 기간을 겪고 있다는 공통점 때문에 더 친해질 수 있었다. 그저 나는 업무로 정해두었던 역할만 하면서 그저 조용히 사람들을 따랐다. 주도적인 몇몇 사람이 눈에 띄어서 그냥 묻어가야겠다 싶으면서도, 이렇게 묻히면 이곳에서 무엇을 얻을 수 있을까 싶었다.

그렇게 시간이 흐르고 그룹별로 인터뷰하는 시간이 있었다. 같은 시간대에 인터뷰를 신청한 사람들의 이야기를 들었는데 각자의 고충이 있었다. 그런 이야기를 들으니 활동할 때는 마냥 웃고 즐겁게 지내지만, 각자의 어려움이 있음을 알게 됐다. 다른 시간에 인터뷰를 한 다른 사람들도 마찬가지일 것이다. 그때 비로소 사람들에게 마음을 열었다.

오랜 기간 고립 생활을 하다 보니 내가 가장 불행하다는 피해의식에 사로잡혀 있었다. 그렇지만 인터뷰를 통해 그런 마음이 사그라졌고, 사람들에게 내적 친밀감을 느꼈다. 그렇지만 친밀감이 생겼다고 해서 쉽사리 친해질 수 있는 것은 아니었다. 어느덧 시간이 흘러 프로그램 기간인 100일이 지났고, 마무리를 위해서 전시를 준비해야 했다. 어쩌다 보니 같이 모여서 각자의 역할을 정했지만 뭘 해야 할지는 감이 오지 않았다. 내 경우에는 독립서점에서 판매하는 블라인드 북을 모티프로 한 판매 부스를 운영했다. 그와 함께 전시회의 발문을 맡아 썼다.

그때는 전시회보다 한 사람에게 더 눈길이 갔다. 그 사람은 인스타툰을 그리는 사람이었다. 활동 중에 밝은 모습으로 사람들을 대하는 모습이 인상적이었다. 그런 그의 모습을 마음에 담아두고는 했다. 그것은 과거부터 오랫동안 동경했던 모습이었기 때문이다. 식사할 때도 같은 자리에서 먹는 경우가 많았고, 그때마다 간단한 대화를 나누기도 했다. 블로그에서 이웃을 맺고 교류하기도 했다. 그렇지만 그의 행동은 그저 사람이 좋아서 그런 것이라 생각했다. 혹여 이성적 호감으로 오해해서 실수할 수 있으므로 그 이상으로 생각하지는 않았다.

성과공유회를 하면서 이전 프로그램과 마찬가지로 지금 만나는 사람들과 관계를 오래 이어갈 수 없겠다고 생각했다. 친밀감이 있기는 했지만, 어차피 이 순간도 지나가는 것이다. 각자 처한 환경이 다르기 때문에 이제는 서로의 길을 갈 것이다. 실제로 이후에 사람들과 같이 몇 번 만나기도 했고, 만남을 이어가기 위한 별도의 모임을 운영하기도 했지만 모두 흐지부지되었다. 그래도 몇몇 친해진 사람과는 연락을 이어가기는 하지만 다들 바쁘다 보니 자주 만나지는 않는다.

    그러나 전혀 예상하지 못한 일이 일어났다. 인스타툰을 그리는 그 사람이 마지막 날 연락처를 물어봤다. 그 후 메신저로 꾸준히 연락을 했다. 어쩐지 썸이라는 확신이 들었지만, 연애 경험이 많지 않기에 설레발을 치지 않기로 했다. 한편으로는 위기감을 느끼기도 했다. 그와 연락을 이어가기 시작했을 때 현실은 구석에 몰린 상태였다. 그런 상태에서 연애를 시작했다가 오히려 더 안 좋은 결과를 만들 수 있다고 생각했다. 한편으로는 그게 무슨 대수인가 생각했다.

    그렇게 연락을 하고, 몇 차례 데이트를 한 뒤 사귀게 되었다. 애인도 프리랜서여서 일상을 함께 공유하면서 지내고 있다. 애인은 초반부터 데이트 비용을 서로 같이 부담했다. 비슷한 환경이기에 누가 앞서서 사기는 어렵다고 미리 이야기했다. 그래서 상황이 좋아진 사람이 나중에 더 내기로 했다. 그렇지만 그런 경우는 아직 오지 않아서 때에 따라 돈을 번 사람이 가끔 사는 걸로 갈음했다. 애인은 연애가 꿈의 걸림돌이 되어서는 안 된다고 이야기했다. 그때 당시의 걱정을 알아서 한 말일 수도 있지만,

아직까지 그 말이 큰 힘이 되었다.

고립에서 빠져나온 것은 애인이 결정적인 계기가 되었다. 만일 니트컴퍼니를 하지 않았더라면 이런 인연을 만날 수 없었을 것이다. 그렇지만 니트컴퍼니와 같은 프로그램은 운영에 어려움을 겪고 있다. 자립하기 어려운 특성의 프로그램이라 지원사업에 의존해야 하기 때문에 운영자들이 쉽게 지치거나, 주변 상황에 휩쓸린다. 활동은 대부분 운영진의 자발적 봉사로 이루어진다. 그렇기에 이런 프로그램에 대한 지원이 많아진다면 굳이 연애율 상승에 애쓰지 않아도 많은 사람이 좋은 인연을 만날 수 있을 것이다.

우리의 만남은 여러 우연이 작용한 결과이다. 내가 고립에서 빠져나온 것은 순전히 운 때문이라고 생각한다. 그렇지만 그 과정을 겪으면서 느낀 것은 사회가 그런 운의 기회를 늘려줄 수 있다는 것이다. 많은 청년이 점점 고립되어 가는 상황 속에서 사회적으로 더 많은 연결 기회가 만들어져야 한다.

진정한 고립 탈출

고립 생활에서 벗어났다고 하여 삶이 완전히 달라진 것은 아니다. 정기적인 일을 하지 않는 한 집에 있는 시간이 많다. 그래도 가끔 일이 있어 외출한다. 활동을 하면서 회의에 참여할 때 사람들이 일정을 맞추는 과정을 멀찍이서 본다. 나는 항상 눈치를 보다가 언제든 가능하다고 답한다. 상대가 전화로 일정을 조율하며 가능한 시간을 물을 때, 혹시 몰라 일정 어플을 확인한다. 대부분은 비어 있고, 먼 일정일수록 특히 비어 있다. 그래도 일정을 확인하는 것은 너무 한가해 보이는 사람으로 보이지 않기 위한 일환이다. 그러고서는 다 괜찮다고 답한다.

이런 현상은 겨울이면 더 심해진다. 겨울은 모종의 이

유로 정부 사업이 운영되지 않는 시기다. 사업에 직접 참여하는 유무와 관계없이, 정부 사업과 관련된 다른 프로젝트나 제안도 들어오지 않는다. 그리고 추위에 취약한 뚜벅이여서 어디를 갔다 오기만 하면 컨디션이 급속도로 떨어져서 밖으로 나갈 엄두를 못 낸다.

고립과 재고립에 관한 책을 썼었다. 그 책의 핵심은 우리는 결국 연결되어야 한다는 것이다. 어쩌면 거창할 수 있지만, 그저 인간관계를 맺기만 하면 되는 것이므로 그리 어려운 일이 아닐 수 있다. 그러나 인간관계를 맺는 것이 쉬운 것 같으면서도, 어려운 일처럼 느껴진다. 그래도 예전과 달라진 점이 있다면 어떻게든 연결의 끈은 놓지 않으려 한다는 것이다. 그리고 약속이 잡히면 웬만하면 지키려고 노력한다. 노쇼는 당하는 사람도 괴롭지만, 때로는 노쇼를 하는 당사자에게도 상처다.

내가 힘을 낼 수 있는 것은 무엇보다 애인이 있기 때문이다. 공교롭게도 고립을 경험했던 청년들을 인터뷰했을 때 고립을 극복했다고 하는 사람은 모두 애인이 있었다. 이 정도면 애인이 고립의 해결책이라고 할 수 있을 정도다. 그렇지만 애인이 지지를 해주었기에 가능한 것이다.

그러니까 필요한 것은 지지를 해줄 수 있는 단 한 명의 사람이다. 그렇지만 그런 존재가 현실적으로 애인뿐인 것이다.

이에 대한 불만을 속으로 삭인다. 자신을 지지해 줄 수 있는 대상이 애인뿐이라면, 만일 애인과 헤어지면 어떻게 할 것인가. 애인에게서만 지지를 받을 수 있다면 그 사회가 잘못된 게 아닐까. 이런 생각이 크게 유별난 것인지는 모르겠다. 어쨌든 우리는 더 많은 사람을 만나야 한다. 물론 그게 다수의 사람과 관계를 맺으라는 것은 아니다. 그래도 마음 맞는 몇몇 사람을 만나기 위해서라도 사람을 만날 수밖에 없다.

언제부터 고립에서 벗어났는가 하는 질문이 유효할 수도 있다. 단순히 직장에 다니기 시작했다고 해서 고립에서 벗어났다고 할 수 있을까. 회사에서도 잘 어울리지 못하고 겉돈다면 고립의 위험은 있다. 마찬가지로 사람들과 교류한다고 하더라도 고립은 진행 중일 수 있다. 자신의 목표를 갖고 사회에서 활동하면서, 진실된 연대를 할 수 있다면 그것이야말로 진정한 고립의 해소일 것이다. 이런 이야기가 거창할 수 있다. 나 역시 지금 애인과 함께 하고 있는 것만으로도 충분하다. 다만 둘이서만 삶을 지속할 수 없으므로 사회와 연결되려고 시도하고, 유지하려고 한다. 그렇게 나에게 알맞은 상태를 찾는 중이다.

글쓰기와 안정된 일상

원고 작업을 위한 의식은 그리 요란하지 않다. 아침에 일어나 간단히 배를 채우고 책상에 앉는다. 일정 확인 후 곧장 워드 프로세스를 켜서 글을 쓴다. 글감에 관한 메모가 있으면 그것을 정리한다. 대부분 주제에 대한 생각을 적는 것이기에 그렇게 철저한 조사는 필요 없다. 만일 조사가 필요하다면 저녁에 해두었다가 그것을 바탕으로 다음 날에 쓴다.

집과 카페 어디에서든 작업을 해도 상관은 없다. 최근 카페에서는 노트북을 하는 사람을 적대한다. 서비스에 비해 소비자가 내는 비용이 아쉽기 때문이다. 경제가 불황인 까닭도 있을 것이다. 넓고 자리가 편한 프랜차이즈 카페도 점차 줄어드는 추세다. 이런저런 점을 감안하면 카페에 가도 이용할 수 있는 작업 시간은 두 시간 남짓이다. 그 정도면 글 한두 편을 구상하거나 쓸 수 있을 것이다. 결과를 얻기에는 나쁘지 않은 시간이나 촉박하다.

그 점에서 집에서 작업하는 것이 권장된다. 그렇지만 집은 일상과 분리가 안 된다는 치명적인 단점이 있다. 글을 쓰려고 책상에 앉으면 미처 하지 못한 설거짓거리가 아른거리거나, 정리되지 않은 책상이 보인다. 그리고 곧장 누울 수 있는 침대가 있으니 쉬는 시간에 잠시 누웠다가 잠이라도 들면 하루가 다 간다. 그러니 집에서 작업을 하면 능률이 오르는 것 같지가 않다.

오랜 기간 글을 쓰면서 느낀 것은 작업을 시작하기 전에 의식적인 행동을 하는 것이 좋다는 것이다. 내 경우에는 커피를 책상 위에 두는 것부터가 시작이다. 그 후에는 음악을 튼다. 웬만하면 가사를 알아듣지 못하는 해외 팝송이나 가사가 없는 재즈를 틀어둔다. 집중력이 흐트러질 때는 미뤄 놓은 자질구레한 일들을 하나씩 해나가면서 일을 꾸역꾸역 해간다. 그러다 보면 금방 시간이 흐른다.

물론 이것을 방해하는 것은 얼마든지 있다. 친구의 연락은 이따금 오기 때문에 그렇게 거슬리지는 않는다. 집중 중이면 부담 없이 편하게 거절할 수도 있다. 누군가에게 먼저 연락하는 경우가 드물고, 그럴 만한 사람도 많지 않기 때문에 연락이 오는 경우는 드물다. 그러나 가족의 연락은 한동안 없다가 갑작스러운 순간에 한 번에 몰리기도 한다. 그럴 때는 이날 하루는 공쳤다고 생각하고 그저 망연히 시간을 보낸다. 너무 글에 집중이 안 되거나 시간이 남으면 책을 읽는다.

이렇게 시간을 흘려보내고 나면 저녁은 대부분 쉬는 시간이다. 자료조사가 필요하면 관련 내용을 찾아 본다. 취미는 딱히 없다. 애인과의 산책이나 게임, 온라인 커뮤니티를 둘러보는 것이 전부다. 몇 년간 나를 지켜본 애인도 내 패턴을 바로 읊을 정도이다. 그렇지만 이런 일상이 좋다. 특별한 일이 끼어들면 생각이 새로이 퍼져나갈 수 있겠지만, 거기에 빠져들다 보면 기존에 하던 일을 못 한다.

그래도 예전보다는 그런 관성이 줄어들기는 했다. 지금은 다른 사람과의 만남에서도 영감을 얻을 수 있다고 생각하기 때문에 굳이 빼지는 않는 편이다. 그럼에도 한편으로는 글에 집중해야 한다고 생각한다. 나 역시 현대인이 갖고 있는 생산성 강박에서 완전히 벗어나지는 못한다. 그럼에도 남들보다 여유 시간이 많은 것은 사실이다.

  아직까지 프리랜서로서 일정이 **빽빽**하게 몰려 있는 경우는 없으므로, 주말이나 공휴일에도 급박하게 지낸 적은 없다. 그렇게 지낼 자신도 없다. 그래도 남들이 쉬는 날에도 매일 할 일을 조금씩 해나가며 습관을 길들이는 중이다. 예전부터 꾸준함이 무기라고 생각했는데, 이제는 그저 이렇게 보내는 일상이 안정감을 준다.

회사에서 찾아온 고립

 6개월간 하던 일자리 사업을 마치고 종무식을 하는 날이었다. 함께 했던 사람들이 모두 모였다. 이번 회식이 처음은 아니었다. 아마도 식당에서 회식을 한 번 했을 것이다. 사업은 끝났고, 어쨌든 더 챙겨줄 필요는 없었다. 그럼에도 사람들이 수고를 치하한다는 공무원의 원칙이 있었는지 자리가 마련되었다. 그래서 먹게 된 음식은 피자였다. 사람들은 자신의 동료와 함께 화목하게 떠들었다. 나는 불고기가 올라간 피자를 조용히 씹어먹었다. 목이 메어 콜라를 마셨다.

 자기소개서에 공백기 때 작가지망생 생활을 했다고 썼다. 면접 때 안경을 쓴 면접관은 그동안 어떤 글을 썼냐고 물었다. 나는 블로그에 소설과 에세이를 연재했다고 밝혔다. 직무와 그렇게 관련이 있는 내용은 아니었던 것 같은데, 자기소개서의 사실 여부를 확인하고 싶었던 모양이다. 답변을 들은 면접관은 메모했다. 그 메모에는 장기 미취업자라고 적었을지도 모른다. 시 관계자 입장에서 장기 미취업 청년을 임시로 고용한다는 것은 좋은 일이었다. 그것은 나에게도 좋은 일이었다. 어쩐지 안경을 쓴 면접관이 신처럼 보였다.

나름 길다면 길고, 짧다면 짧은 회사 생활이었지만 사람들과 친해지지 못했다. 언제나 이런 식이었다. 사람들과 어울리는 것은 나한테 너무나도 힘든 일이었다. 가벼운 대화조차 못 하는 데다가, 사람들을 구분하는 실수를 저질렀다. 함께 일했던 사람 중 대부분은 경력 단절이 있는 주부가 많았다.

장기 미취업 청년과 경력보유여성의 조합은 어쩐지 잘 맞지 않았다. 나의 경우라도 피하는 게 상책이라고 여겼다. 그저 다른 세상을 살아가는 사람을 피하고 싶었다. 나는 그토록 편견이 강한 사람이다. 비슷한 또래의 남성도 한 명 있었다. 그의 이야기를 들어보니 이미 몇몇 단기 일자리를 전전하면서 다양한 활동을 하는 듯했다. 말투에도 여유가 있고, 자신의 삶에 확신이 차 있어 보였다. 그는 사람들을 가리지 않고 활발하게 행동했다. 그가 있어 내 역할이 줄어 다행이라는 생각이 들면서, 그의 모습이 부러웠다.

사람들은 부드러웠고, 나를 밀어내지 않았다. 오히려 사람들은 쉬는 시간에 같이 이야기하자며 부르고는 했다. 그렇지만 나는 얌전히 거절했다. 마치 병은 동물이 뼈끔거리는 것처럼. 어차피 자리에 끼어들었어도 관심 없는 이야기를 조용히 듣고 말았을 것이다. 내 이야기는 하고 싶지 않았다. 별로 하고 싶은 말이 없었다.

관계에 있어서 망했다는 감정은 사람으로서 쉽게 물리칠 수 있는 감정은 아니다. 사람들과 어울리지 못하는 스스로의 모습이 한심하게 느껴지면서도, 어차피 시간이 지나면 잊힐 관계라고 생각했다. 어쨌든 그것은 변치 않는 사실이다. 진화심리학에서는 사람들과 어울리지 못하면 생존 확률이 낮아진다는 생각 때문에 스트레스를 받는다고 한다. 이유가 어떻든 감정이 상하는 것은 분명하다.

끝끝내 구원이 있는 것은 아니었다. 몇몇 사람과 말문을 틔어도 어차피 직장에서의 대화는 쉽게 증발되기 마련이다. 어쨌든 사람들도 모여 있으나 적당히 어울리는 듯했다. 들리는 소문도 많았을 것이다. 나는 그 소문의 중심지에서 아주 멀리 있었을 것이고 말이다. 최선책으로 점심시간에 일찍 밥을 먹고 사무실로 돌아와서 핸드폰으로 전자책을 읽으면서 시간을 보내거나, 여유가 되면 애인과 통화를 하면서 시간을 보냈다.

애인의 존재는 큰 도움이 되었다. 만일 같은 상황에 이런 고민을 나눌 사람이 없었다면 나는 완벽히 소외되었을 것이다. 이런 이야기를 가족한테 털어놓는 것은 상상이 되지 않았다. 그렇게 이야기하면 그래서 일을 관둘 거냐는 반문이 나올 것이기 훤했기 때문이다. 반대로 나이가 많은 동료들은 쉬는 자녀 이야기를 꺼내며, 이렇게 일하는 것만으로도 대단하다며 칭찬했다.

그때는 애인도 일을 하고 있었고, 교통편이 좋지 않아서 일이 끝나고 애인을 보러 가기에는 어려움이 있었다. 그래서 대신 금요일에 일이 끝나면 애인의 집에 가서 일요일 저녁에 집에 돌아오고는 했다. 그렇게 시간을 보내면 다시 한 주를 보낼 힘이 났다. 겨우겨우 일을 마친 그때의 모습을 생각하면 여전히 끔찍하고 부끄럽다. 나는 어떻게든 버틸 수 있었지만 어딘가에서 비슷한 고통을 겪을 사람들을 생각한다.

노력해도 쓸 수 없는 가면

    아이폰 아이클라우드에 저장된 오래된 메모에는 '외모를 꾸미고 남들에게 친절을 베풀 것'이라고 적혀 있다. 이 말은 독서모임에 알게 된 지인이 매력적인 사람이 되는 방법이라며 한 조언이다. 당시의 나는 이 말을 메모해 뒀다가 기회가 되면 꺼내 읽었다. 그 구절을 읽는다고 해서 당장 외모를 잘 꾸미거나, 남에게 쉽게 친절을 베풀 수 있는 것은 아니었다. 그저 사람들의 조언을 적어두고, 그중에서 당장에 할 수 있는 것만 실천하고, 나머지는 다시 기억하는 수밖에 없었다.

    당시의 나는 외모를 꾸미거나, 친절을 베풀 만한 자신감이 없다고 생각했다. 그것도 어느 정도 금전적 여유가 있어야지 가능한 것이었다. 시간이 지나고 생각해 봐도 그것은 사실이었다. 그렇지만 그런 금전적 여유만이 아니라, 선택권 자체가 좁기도 했다. 당장 그 조언을 듣고 스파 브랜드로 가서 옷을 사 입을 수도 있을 것이다. 그렇지만 내 외형에 맞는 핏과 색감의 옷을 골라 입기는 어려웠을 것이다. 그저 내 눈에 썩 마음에 드는 옷을 사서 조합과는 관계없이 입었을 것이다.

 그것은 경험의 문제였다. 어린 시절 어머니가 산 옷이나 형의 옷을 물려 입은 나로서는 외모는 물론, 패션에 관해서는 신경 쓸 겨를이 없었다. 아니면 주변에서 꾸미는 것을 좋아하는 사람이 있었다면 그에 대한 조언을 받을 수도 있었겠으나, 딱히 그런 조언을 받을 수도 없었다. 물론 그렇게 환경이 받쳐주지 않더라도 스스로 꾸미고자 하는 생각으로 인터넷에 정보를 찾을 수도 있었을 것이다. 언젠가 일을 해서 돈이 생겼을 때 패션 커뮤니티를 기웃거린 적이 있다. 그곳에서는 대부분 가격대가 비싼 옷을 선호했고, 그나마 합리적인 가격으로 제시하는 브랜드도 내 월급으로 감당하기는 어려웠다. 그렇게까지 돈을 쓰면서 옷을 꾸며야 할 이유를 납득하지 못했다.

그런 데다가 이미 스스로가 못생겼다고 생각해서 외모 꾸미는 것을 포기했다. 초중학생 때 몇 차례 사고로 앞니가 부러졌다. 두 번은 가짜 치아를 붙였으나, 두 번을 더 깨지고 나서는 운명처럼 받아들였다. 제대로 된 수술을 하기 위해서는 성인이 되어야 한다는 이야기를 들었고, 가난한 집안에서 추가적인 수술을 하는 것도 내게 맞지 않다고 생각했다. 사고 이후 초창기에는 깨진 이빨을 두고 매번 부끄러움을 느껴 입을 가리고 다녔다. 그렇지만 어느샌가 그것이 익숙해졌다.

주변에는 부끄러움을 주는 사람이 없었다. 수도권 인근의 시골에서 동네 사람이 모인 환경이었다. 스스로는 외모를 포기했다는 강한 암시를 걸었다. 누군가가 직접 외모를 두고 못생겼다고 이야기한 적은 없지만, 누군가가 그런 이야기를 하더라도 아랑곳하지 않겠다는 자신감으로 무장했다. 그렇게 생각하니 외모를 관리하는 일이 더 줄어들었다. 위생 관리조차 하지 않았고, 조금이라도 꾸밀 일이 있으면 거부했다.

누군가는 외모에 대한 꾸밈을 강요받지 않는 성별이어서 가능했던 이야기라고 할 수 있다. 그것은 어느 정도 사실이다. 살면서 외모를 꾸미지 않는다고 해서 누군가가 크게 탓을 한 적은 없었다. 그래서 그때는 나대로 살면 된다는 어리석은 자신감이 충만했다. 그렇지만 시대는 생각 이상으로 빠르게 변했다. 특히 성인이 된 이후에는 좀 꾸미면 좋겠다는 말을 몇 번 들었다. 그렇지만 그때는 스스로의 자아가 커졌기 때문에 다른 사람의 말을 귓등으로 흘려들었다.

사회학자 피에르 부르디외는 '문화 자본'이라는 개념을 창안한다. 그는 엘리트 대학에 입학한 뒤 자신의 환경과는 다른 차원의 집단을 만나면서 자신의 나라에서 계층을 구분하는 기준이 단지 돈의 많고 적음이 아닌, 문화적 자본을 얼마나 소유하고 있는가의 차이임을 통찰했나. 부르디외는 수로 당대 프랑스 사회를 바탕으로 이야기했지만 현대 사회에도 적용할 만하다.

꾸밀 줄 모르는 사람과 멋지게 꾸민 사람과의 차이는 몇 단계 이상의 차이가 있을 수 있다. 그건 그저 돈으로 어떤 패션 아이템을 살 수 있고 없고의 문제가 아니다. 이미 많은 옷을 구매한 사람이 사는 옷과 한 번도 옷을 사입어보지 않은 사람이 사는 옷이 다르듯이 말이다. 그저 나는 어느 정도 선에서 외모를 꾸미고, 그 외의 시간에 나를 단련하여 얻은 재능으로 자본주의 시장에서 거래를 청하는 것이 합리적인 선택이었다. 그렇지만 그것을 앞지를 만큼 공부를 잘하지는 못해서 빠르게 뒤처졌다.

  사람들의 조언을 메모하기 시작한 것은 점점 고립되어 간다고 느꼈기 때문이다. 처음에는 너무 자신하는 태도로 다른 사람의 이야기를 듣지 않아서 어려움을 겪었지만, 나중에는 사람들의 말을 이해하고 실행하는 데에 어려움을 겪었다. 그래서 이 복잡한 세계를 간편하게 이해할 수 있는 가이드가 생겼으면 좋겠다고 생각했다. 그렇다고 외모를 꾸미거나 연애를 잘할 수 있는 방법을 다룬 책을 읽지는 않았다. 그런 책을 읽는 것은 무언가 창피했다. 그러다가 일반 남성도 흉내 낼 수 있는 패션 유튜브들을 보면서 외모를 꾸미기 시작했다. 그러면서 사람들의 칭찬을 듣고, 자신감이 생기기 시작했다.

  남자 패션 유튜브가 대중화된 것은 내 노력으로 이루어진 것은 아니다. 그저 시대의 환경이 바뀐 것이다. 만일 유튜브가 없었다면 아직까지 외모에 자신이 없는 채로 사회에 발을 못 디뎠을지도 모른다. 그 점에서 내가 대단해서 외모 콤플렉스를 극복한 것은 아니다. 그렇다고 완전히 외모 콤플렉스를 극복한 것도 아니다. 여전히 길거리에서 멋지면서도 자연스럽게 꾸민 사람을 마주치면 때때로 앞니가 깨진 채로 다니던 과거로 돌아간다. 그들을 부러운 시선으로 바라보며 몸을 움츠린다.

의무에 대한 압박

 애인과 함께 하는 시간이 늘어나면서 주변에서도 결혼에 대한 이야기가 나온다. 서른이 넘었으니 당연한 건가 싶다. 그렇지만 나이를 의식한 적은 별로 없다. 나이를 의식하면 오히려 해야 할 일을 하지 못하고, 용기를 내지 못할 것이라 생각했기 때문이다. 물론 나이대에 맞는 한국 사회의 현실이나 의무 자체를 깡그리 무시할 용기도 없다.
 그럼에도 애초부터 결혼은 나에게 후순위였다. 비혼주의라기보다는 늦은 나이까지 연애를 못했으니 당연한 것이라고 생각했다. 그러나 애인을 만나고, 연애 기간이 점차 길어지면서 자연스럽게 생각해야 할 과제로 떠올랐다. 주변에서 결혼해야 할 이유로 꼽는 것은 몇 가지 있다. 동반자로서 함께 하려면 국가의 인정이 있어야 하고, 국가의 약정을 받아놓지 않으면 언젠가는 인연이 끊어질 수 있다는 것이다. 그런 이야기를 들으면 왠지 국가가 나보다 먼저고, 시민으로서의 덕목에 충실해야 한다고 이야기하는 듯하다.

시민의 자격을 들먹이지 않아도, 어차피 결혼은 연인과의 자연스러운 결합이다. 그로 인해 양쪽의 가족과 인연을 맺어야 한다는 현실도 인식할 수밖에 없다. 적어도 명절에 한 번씩 서로의 양가에 방문하거나, 중요한 가족 행사가 있을 때 참석해야 한다. 거기에는 가족적 의무를 포함하여 사회적 의무까지 동반한다. 분명 나와 같은 백수, 좋게 말하면 1인 자영업자에게도 어른다운 역할을 요구할 것이고, 그런 의무는 가족의 굴레에서 벗어나지 않는 이상 벗어나기 어려울 것이다. 이에 우리는 연인으로서 그저 느슨하게 결합하여 가족 관계를 멀리 두는 방식을 지향했다.

사회에서 결혼에 대한 의무가 줄어들거나, 경제적으로 여유가 생긴다면 자연스럽게 결혼을 할 날이 있을 것이다. 그렇게 생각해도 한편으로는 의문이 든다. 과연 반드시 결혼을 해야 할까? 부부 관계를 사회적으로 인정받아야 한다지만, 그런 인정이 필요한가에 대한 의문이 있다. 그것은 단순히 결혼식을 해야 하느냐 마느냐를 넘어 혼인신고의 필요성에 대한 문제이기도 하다.

미셸 우엘벡의 《지도와 영토》을 읽고 생활동반자법에 관해서 알게 되었다. 소설에서 작가의 분신이기도 한 인물인 경찰관은 팍스(PACS)를 통해 한 여인과 동거인 관계로 지낸다. 둘 사이는 겉으로 일반적인 가정과 크게 다르지는 않다. 아이가 없는 대신 반려동물이 있다. 그것만으로 둘의 삶은 안온하다. 이는 그동안 전통적인 가족체계를 지지하던 우엘벡의 전후 소설과는 다른 양상인데, 그가 현대 사회의 단면을 잘 포착해낸 것은 분명하다.

나는 당연한 것을 당연하게 바라보지 않는 고질적인 버릇을 갖고 있다. 그러면서도 사람들의 눈치는 본다. 그 점에서 자유인이고 싶으나, 세상 사람과 별 다를 바 없는 소시민이다. 물론 그것은 능력의 문제이기도 하다. 내 라이프스타일을 자유롭게 추구할 수 있는 자본이나 실력이 있었다면 아마도 그에 따라 삶을 설계했을 것이다. 오히려 그때가 되면 남들처럼 살려고 했을 지도 모른다.

그런데 현실 조건이 그렇지 않으니 그저 남들의 조언을 얌전히 들을 뿐이다. 나는 내 삶에 책임지기 위해 결혼을 피하지만, 사람들은 책임을 지려면 결혼하라고 한다. 그래서 앞으로는 고개를 끄덕이고 딴생각을 품는다. 이 이야기에 관해서는 이미 애인과도 여러 차례 이야기했다. 물론 사람의 속은 다 알 수 없기에 절대 본심을 알 수 없을 것이다. 누군가는 상황이 여의찮아도 책임지겠다고 할 수 있는 것이고, 그런 태도도 훌륭한 태도라고 생각한다. 그렇지만 내가 그런 사람이 아닌데 어떡하란 말인가.

그저 나는 글을 쓰는 삶을 꿈꿨고, 거기에 더하여 이제는 애인과의 소박한 삶을 꿈꾼다. 아직 그에 대한 구체적인 삶의 시노가 그려지지는 않는다. 그런데 그런 걱정에 매몰되어 지금의 삶을 허투루 보냈다가 오히려 후회할 수 있다고 생각한다. 그사이에 닥쳐오는 다른 사람의 현실적인 조언은 우리를 툭 치고 가는 느낌이다. 사실 이 문제에 가장 걱정하는 것은 우리인데 말이다.

그런 소리에 나는 흘려듣고 말지만 애인은 때로 흔들린다. 물론 아닌 척할 뿐 흔들리는 것은 나도 마찬가지다.

그것은 시간이 어떻게든 해결해 줄 것이라 생각한다. 시간만큼 결론을 잘 내리는 것은 없으니 말이다. 그 시간에 할 수 있는 것들을 해 나갈 것이다.

추석에 보도된 쉬는 청년

 지난 추석은 평온했다. 아버지의 몇몇 형제가 돌아가시고 난 뒤 친척이 모이는 행사는 급격히 줄었다. 자주 찾아가기에는 아버지의 고향이 멀기도 했다. 아버지는 큰 행사가 아니면 가족을 따로 부르지 않고, 명절 인근에 가끔 혼자 고향을 내려가고는 했다. 그게 서로에게 편했다. 그러다 형이 결혼을 하면서 명절에 가족이 함께 모이는 것이 정기 행사가 되었다. 어쩌면 이것이 우리 가족의 이상적인 형태인지도 모른다.
 이전에 아버지의 고향으로 내려갈 때마다 우리 가족은 늘 다퉜다. 우리는 그토록 서로에게 불만이었다. 그렇게 잘 맞지도 않은 사람끼리 해마다 모여서 의무적으로 명절을 보내야 한다는 것이 마뜩잖았다. 나는 싸움을 피해 입을 다물고, 핸드폰을 들여다보며 시간을 보냈다. 해가 지나면서 가족 간의 싸움은 점차 누그러들었다. 대신 희생양이 되는 것은 돈을 벌지 않는 나였다. 가족은 공통으로 나를 적으로 간주하며 어디라도 다니라며 한마디 했다. 나는 가족 행사의 참여를 줄이는 것으로 답을 대신했다.

그러나 형의 결혼 이후 상황은 다시 달라졌다. 형수님을 맞이하는 초기다. 그래도 예의는 차려야겠다고 생각할 수밖에 없다. 글로는 뭐든 단호하게 할 것 같아도 현실에서는 옴짝달싹하지 못한다. 나는 거기에 순순히 복종했다. 그럼에도 희망적인 것은 집안의 분위기가 누그러졌다는 것이다.

그런 상황이 꽤 안정감을 주었다. 그렇다고 해서 내 상황이 바뀐 것은 아니었다. 격려보다는 언제나 일을 하라는 잔소리가 먼저 나온다. 그나마 응원으로 비추는 것은 늦은 나이에도 주어지는 용돈이었고, 그 효력은 확실했다. 어쨌든 그것으로 더 버틸 수 있으니까. 용돈을 받으면 거절하지 않고, 얌전히 주머니 속에 챙겼다. 혹시라도 잃어버릴까 싶어 가방 안에 급하게 챙겨 넣는다. 언젠가 나의 일에 대해 왈가왈부하지 않는 날을 꿈꾼다. 그건 가족이 보기에 내가 제대로 된 일을 하거나, 무언가를 증명할 때나 가능할 것이다. 아직은 먼 일이기에 체념한다. 그렇기에 그것은 잠재된 시한폭탄이기도 하다.

어느 명절에는 쉬는 청년에 대한 보도가 많이 나왔다. 나 역시 고립청년 문제에 관심을 갖고 있었으므로 관련 기사를 꾸준히 찾아 읽고 있었다. 내가 아는 한 쉬는 청년은 그냥 쉬는 청년은 아니다. 그중에 절반은 이미 일을 한 적이 있고, 그때 좌절한 경험이 있는 사람이었다. 그런 이들에게 일을 하도록 독려하는 것도 필요하지만, 마음을 회복하는 것도 그만큼 중요하다고 여긴다.

쉬는 청년이라고 해서 모두가 고립되는 것은 아니다. 오히려 일을 하는 사람 중에도 고립감을 느끼는 사람도 있다. 고립이라는 스펙트럼은 다양한 당사자에게 분포되어 있다. 그중 쉬는 청년은 고립되기 쉬운 경우 중 하나다. 쉬는 기간이 길어지면 점차 고립에 빠지고, 그 후에 은둔으로 이어질 수도 있기 때문에 위험하다. 내 경우에는 그 모든 과정을 거치고 겨우겨우 안간힘을 쓰며 사회에 매달리고 있을 뿐이다.

  가족끼리 명절을 보낼 겸 제부도의 어느 펜션에 갔다. 도착해서 짐을 푼 뒤 저녁까지 시간이 남아서 TV를 틀었다. 뉴스에서는 쉬는 청년에 대한 보도가 나왔다. 명절 시작점에 쉬는 청년에 대한 보도라니. 기자와 데스크가 참 배려가 없다. 뉴스의 주 소비층은 쉬지 않는 사람들일 것이기 때문에 거기에 둔감한 것은 어쩌면 당연한 일이었다. 나는 거실에 사람이 얼마나 있는지 파악했다. 몇몇 사람도 눈짓으로 보고 있었으나 다행히도 기사에 별 관심이 없어 보였다. 그렇지만 어머니만은 TV를 응시하고 있었고, 기어코 뉴스에 네 이야기가 나온다며 한마디했다.

  예전 같으면 지지 않고 한마디 했을 것이다. 아니면 조용히 자리를 떠나는 것도 방법일 것이다. 그것도 좋은 방법은 아니지만 화를 억누를 수 없다면 그게 최선이다. 그렇지만 그 말을 듣고 그저 아무 대답도 하지 않았다. 그동안 뉴스는 다음 내용으로 넘어가 있었다. 대꾸가 없자 어머니도 별말을 하지 않았다. 그 순간에 나는 얼마나 많은 사람이 그 기사의 희생양이 되었을까 생각한다. 아무리 무시한다고 해도 스스로 움츠리는 것만으로도 가슴이 답

답하다. 그런 모멸감을 견디기는 쉽지 않다.

적어도 혼자 있다면 타격이 적을 것인데, 의무라는 이유로 모이는 마당에 거기서 버티기는 더 쉽지 않다. 차라리 군이 언급하지 않고 지나간다면 기분이라도 낼 텐데 영 기분이 나지 않는다. 이미 상처받은 마음은 침잠한다. 울적한 기분은 아무리 술을 마셔도 해소되지 않을 것이다. 결국 그다음 날 취기가 가시지 않아 고생했다. 결국 고생하는 것은 나다.

서울은 쉬는 사람도 열심히 산다

 니트생활자가 없었다면 서울과의 인연은 없었을 것이다. 내 취향의 그룹이 서울에 있다고 생각하면 역시 서울에 사는 것이 좋겠다는 생각이 든다. 그렇지만 그 넓은 서울에서도 내 취향인 곳이 생각보다 적다는 것은 꽤 우울한 일이다. 나에게 서울은 막연하게 지나가는 도시였다. 이사 후로 경기 북부에서 남부로 이동하는 바람에 친구들을 만나기 위해서는 매번 1호선을 타고 남북을 횡단해야 했다. 그럴 때 지하철 밖에서 펼쳐지는 높은 빌딩의 풍경은 어쩐지 다른 나라를 보는 것처럼 멋쩍었다.
 군대에서 유일하게 친해진 친구는 강남에 살고 있다. 그 친구를 만나러 강남역 부근에 와서 주변을 둘러보면

별천지였다. 처음에는 동경하는 마음도 있었을 것이나 그런 마음은 점차 옅어졌다. 비싼 땅값을 메우기 위해 들어선 빽빽한 건물은 미적으로 그렇게 대단한 풍경은 아니었다. 뼈해장국을 좋아하는 친구에게 오래전 우연히 갔던 뼈해장국 프랜차이즈 가게가 이곳에도 있다는 것을 알려줬다. 그 후 친구를 볼 때마다 그 가게에 갔다가, 카페에 가는 것이 정식 코스가 되었다.

우리 둘은 만나면 나는 주로 사회학 서적에서 읽은 내용이나 사회비판적인 이야기를 공유했고, 그는 서울에서의 삶이 얼마나 치열한지에 대해 이야기했다. 그도 내가 소개한 책을 읽지 않았고, 나도 서울에서 살아본 적이 없으니 그런 이야기가 잘 와닿지 않았다. 그러다 서울살이의 치열함을 알게 된 것은 니트생활자를 알게 되면서 부터였다.

니트생활자는 '모두가 한 번쯤 백수가 된다'라는 캐치프레이즈를 걸며, 무업 기간에도 사람들이 활동할 수 있는 프로그램을 운영한다. 고립에서 빠져나온 뒤에도 이곳과 인연을 이어갔다. 이곳에서 활동하면서 몇몇 사람은 자신이 쉬고 있다고 하지만 사실 무언가를 하고 있는 것을 본다. 오히려 그런 메시지를 강조하고 있는 것처럼 보이기도 한다. 니트생활자를 소개한 크랩의 유튜브 영상 〈'취업 전쟁'에 지친 사람들, 가짜회사에서 다시 시작한다〉에서 한 네티즌은 이렇게 열심히 사는 사람들이 쉬고 있는 게 맞냐는 격려성 질문을 남기기도 했다. 그렇지만 그것도 노는 것이라고 보는 인터넷 여론이 강했나 본지 비난도 많았다고 한다. 그래서 지금은 댓글을 쓰는 것이 막혀버렸다.

니트생활자 프로그램에 참여하는 사람 중에는 할 일을 척척 해나가는 프리랜서나 1인 사업자들도 있다. 그런 것을 보면 역시 서울은 서울이구나 할 수밖에 없다. 아무래도 서울을 거점으로 지역에서 열심히 활동하는 사람이나 다른 지역의 능력자도 흘러들어온다. 한편으로 청년 정책을 홍보하는 방에서는 좋은 사업은 서울에서만 한다는 푸념이 이어진다. 살펴보면 지역에 맞는 특색 있는 사업도 있다. 그렇지만 지역의 인프라 문제로 인해 이미 인식 차이가 있다.

30년 넘게 수도권에서 살았다. 서울과 지방 사이에서 수도권은 애매한 위치에 있다. 그래도 수도권은 서울로 이동하기 편하므로 그만한 이점을 가진다. 교통이 개발되는 것을 봐도 앞으로도 그런 이점을 가져갈 가능성이 높다. 그렇지만 서울에 갈 필요성을 느끼지 못할 정도로 정보가 부족하다면 어떨까? 수도권 인근에 낙후된 농촌 지역에 살았을 때 그곳에서는 정보가 없었다.

물론 그때도 온라인이 있었지만 지역의 시야만큼 세상이 궁금해지는 법이다. 그때 나는 문학을 좋아하는 평범한 소년이었고, 대부분의 시간에는 공상하기 바빴다. 사회나 정치 현안에도 관심이 없고, 심지어는 관심도가 높았던 문학계가 돌아가는 소식도 알기 어려웠다. 그것은 커뮤니티의 부재가 한몫했다. 지금도 나는 과거의 이야기를 하면 사람들 사이에서 겉도는 느낌을 받는다. 그들이 겪었던 문화와 내가 겪었던 경험이 다르기 때문이다.

작가지망생 활동을 할 때 쉽다고 생각하지는 않았다. 그저 백수와 지망생의 차이는 미비하다는 인식만 있었을 뿐이다. 그런데 니트생활자에서 만나는 사람들은 어떻게든 자기 일로 수익 활동을 하기 위해 애쓴다. 그게 당연한 일이기는 한데, 때로는 여기에서 활동하는 사람들하고도 다르다는 생각에 괜히 주눅이 든다. 그렇게까지 치열하게 살아야 하는가 생각하면 그건 또 아닌 것 같다. 그렇다고 지방에 머무르고 싶어도 이미 서울에서 굵직한 경험을 한 사람들이 내려와서 활약하는 것 같다. 그러니 어디를 가도 다 애매한 입장이다. 그러면 결국 답은 서울인가 하는 우울한 결론이 나온다. 그럼에도 나 역시 살아온 곳을 쉽게 떠날 용기가 나지 않는다. 그리고 내가 머무는 이곳을 사랑한다. 그러니 여기서 조금만 더 버티기로 한다.

조언하지 않는 어른 되기

어린 시절에는 뭘 해도 잘 한다는 이야기를 들었다. 그렇지만 소설가가 되겠다고 했을 때 주변에서 모두가 고개를 갸웃했고, 그것이 반대의 시작이었다. 문학을 전공하고, 작가의 꿈을 꾸며 은둔 생활을 할 때도 그러다가 말거라 생각했던 것 같다. 그런 배경 때문에 나는 어느 사람이 뭘 하겠다고 하든지 간에 반대하는 사람이 되지 않겠다고 생각했다. 도덕적으로 옳고 그름은 가려야겠지만, 당사자가 하는 일에 섣불리 단정해야 하지 않겠다고 생각한 것이다.

물론 그런 다짐을 한다고 해서 그것을 잘 실천한 것은 아니었다. 대학 입학 후 곧장 상대의 작품에 깐깐한 합평을 해야 했고, 그때의 나는 자신감에 가득 차 다른 사람의 글을 헐뜯고는 했다. 대학에 나와서 글쓰기 모임에서 활동할 때도 마찬가지였다. 저 사람이 언제까지 글을 쓸지 두고 보자는 심정으로 임했던 것 같다. 그때는 그걸로 마음속의 어떤 응어리를 해소하고 싶어 했다.

  살면서 멍청한 조언을 했던 시기를 떠올리면 몸서리를 칠 정도로 부끄럽다. 내게는 그런 기억들이 잘못 찍힌 셀프 사진처럼 떠오른다. 그래도 부끄러움을 아는 것이 다행인 건가. 어차피 요새는 사람을 만나지 않으니 딱히 조언할 일은 많지 않다. 피드백의 윤리도 펼칠 수 있는 곳이어야 펼치는 것이다. 혹시라도 피드백해야 하는 자리에서는 몇 번이고 생각을 억누르면서 최대한 말을 아낀다.

  아직 국내의 평균 연령보다는 적은 나이이지만, 경험이 많아지면서 나와 같은 실수를 반복하는 사람을 보고는 했다. 가령 자신의 생각을 다듬지 않거나, 트랜드 조사를 하지 않고 그저 기획하는 데에만 바빠 내용만 산덩이처럼 부풀려놓는 것 말이다. 그렇게 내가 했던 실수의 경로를 비슷하게 따라가는 사람을 종종 보고는 한다. 그럴 때마다 그 사람에게 조언하고 싶어서 입이 달싹거린다.

이게 나이가 든다는 증거인가 싶다.

어떤 일을 하지 말라는 조언은 자신과 같은 실수를 하지 말라는, 상대의 실수를 줄이기 위한 선한 의도에서 비롯된 조언일지도 모른다. 그렇지만 당사자에게는 그러한 조언이 자신이 하는 일의 전부를 부정하는 듯한 느낌이 든다. 실수도 해봐야 그게 실수라는 것을 알 수 있다. 심지어 다른 당사자에게는 오히려 기회가 될 수도 있다. 그런데 왜 남한테 가지 않은 길을 잘못된 길이라고 하면서 훈계하는 것일까.

간혹 어느 분야에서 성취를 이루고 난 뒤에 자신과 같은 일을 하지 않기를 바라는 경우를 종종 본다. 어느 분야에서 성취를 이뤘다고 하더라도 그것은 운이 좋아서 그럴 수도 있다. 사람들은 연민의 마음이 커서 자기가 겪었던 것과 같은 고통을 겪지 않기를 바란다. 그것이 자신이 두고 온 그 시절에 대한 미안함 때문일지도 모른다.

한편으로 내가 그토록 조언을 하고 싶었던 이유는 나 역시 과거에 그러한 조언을 원했기 때문이다. 내 주변에는 나와 같은 길을 가는 사람이 없어서 대부분 표면적인 이야기만 할 뿐이었다. 정작 내가 원하는 조언을 하는 사람의 조언은 내 수준을 넘어섰기 때문에 따라갈 수 없었다. 결국 다른 사람이 하는 이야기를 참고하되, 선택하는 것은 나 자신이었다. 스스로가 스승이면서 제자가 되는 과정이었다.

나쁜 어른은 되고 싶지 않았으나 결과적으로 좋은 어른이 된 것 같지도 않다. 그래도 어떻게든 어른이 되었다는 것에 만족할 수도 있을 것이다. 그렇지만 이 이후의 세대에게 어떤 말을 남길 것이냐고 한다면 딱히 할 말은 없다. 내가 버틸 수 있었던 것도 시대적으로 가능했기에 가능한 것이 아닐까 싶다. 과거에 작가가 되기를 꿈꿨다면 그것은 훨씬 더 어려운 일이었을 것이다. 지금처럼 출판 기술이나 인터넷이 발달하지 않은 상태에서는 오로지 글발로만 증명해야 했는데, 그게 쉬운 일이 아니다. 창작의 세계도 어렵지만, 진입 이후의 세계는 더욱 어렵기도 하다.

이제는 생성형 인공지능으로 인해 모든 것이 대체 가능해지고 있다. 이런 분위기 속에서 몇몇 사람은 자기 일을 찾는 것이 시대적 소명이고, 심지어 윤리라고 주장하는 것 같다. 미래에 정말로 그렇게 사는 것이 가능한지는 의문이다. 오히려 자기 착취의 순환이 아닌가 싶다. 또 언제는 기계적 존재가 되기를 강요했으면서 이제 와서 창의적 존재가 되라는 것인지 망연한 노릇이기도 하다. 오랜 시간 뒤처진 나에게는 그러한 말도 벽처럼 느껴진다. 그저 내게 필요한 것은 지금처럼 나아가도 괜찮다는 응원이다.

고립청년 탈출기

발행일 2025년 7월 1일
지은이 추승현
펴낸이 추승현
표지 디자인 곽다인
펴낸곳 수다판
이메일 diaaid@naver.com

ISBN 979-11-980622-5-3 03810

※이 책의 판권은 지은이에게 있으며, 무단 전재와 복제를 금합니다.